EL EFECTO
COMPUESTO

MULTIPLICAR EL ÉXITO DE FORMA SENCILLA

He regalado este libro a

_____

Porque tu vida y éxito me importan y deseo que los mejores

_____

También escrito por Darren Hardy

*Design Your Best Year Ever: A Proven Formula
for Achieving BIG GOALS
(Diseñe el mejor año de su vida: una fórmula para lograr
GRANDES METAS)*

Elogios para El efecto compuesto

"Este libro tan práctico y efectivo, basado en años de experiencias comprobadas y provechosas, le muestra cómo puede estimular sus habilidades especiales para maximizar las oportunidades que le rodean. El efecto compuesto *es un cofre valioso lleno de ideas para conseguir un éxito mayor del que haya podido imaginar".*

—Brian Tracy, orador y autor de *The Way to Wealth* (*Viaje hacia el éxito*)

"Una fórmula genial para conseguir una vida extraordinaria. Léalo, y lo más importante, ¡póngalo en práctica!"

—Jack Canfield, coautor de *The Success Principles: How to Get from Where You Are to Where You Want to Be* (*Los principios del éxito: cómo conseguir lo que deseas a partir de lo que tienes*).

"Darren Hardy ha escrito una nueva biblia en el campo de la superación personal. Si está buscando algo genuino, un programa real, con herramientas reales que pueden cambiar su vida y hacer sus sueños realidad, El efecto compuesto *es lo que busca. Tengo intención de utilizar este libro para recapacitar y examinar aquello en lo que necesito esforzarme de nuevo. Compre diez copias, una para usted y nueve para otras personas que le importen. Déselo cuanto antes, se lo agradecerán."*

—David Bach, , fundador de FinishRich.com y autor de ocho éxitos editoriales en la lista de ventas del *New York Times*, donde se incluye *The Automatic Millionaire* (*El millonario automático*).

"Este libro le permitirá subir por la escalera del éxito a un ritmo acelerado. Cómprelo, léalo y sáquele provecho."

—Jeffrey Gitomer, autor de *The Sales Bible* (*La biblia de las ventas*) y *The Little Red Book of Selling* (*El pequeño libro rojo de la venta*)

"Darren se encuentra en una posición única para agrupar la capacidad intelectual de las personas con más éxito del mundo y reducirla a lo que realmente importa. Sencillo, directo y al grano. Estos son los principios que han guiado mi vida y la de todos los líderes empresariales que conozco. Este libro le mostrará el camino hacia mayor éxito, felicidad y satisfacción."

—Donny Deutsch, presentador de televisión y presidente de Deutsch, Inc.

"Una fórmula brillante para llevar una vida extraordinaria. Léalo, pero sobre todo ponga sus principios en marcha."

—Roger Dawson, autor de *Secrets of Power Negotiating* (*Secretos de las negociaciones poderosas*)

"El efecto compuesto *es una fórmula genial para alcanzar la vida de sus sueños. Léalo y estúdielo, pero sobre todo, ¡póngalo en práctica!*"
—Chris Widener, orador y autor de *The Art of Influence: Persuading Others Begins with You* (El arte de la influencia) y *The Twelve Pillars*

"*En* El efecto compuesto *Darren Hardy demuestra que el sentido común, cuando se aplica, genera resultados poco comunes y sorprendentes. Siga estos pasos tan sencillos para convertirse en la persona que quiere ser.*"
—Denis Waitley, orador y autor de *The Psychology of Winning* (La psicología del ganador)

"El efecto compuesto *le ayudará a vencer a la competencia, superarse ante los retos y crear la vida que merece.*"
—T. Harv Eker, autor del n.º 1 en la lista de ventas del *New York Times*, *Secrets of the Millionaire Mind* (Los secretos de la gente millonaria)

"*Einstein dijo que acumular es la octava maravilla del mundo. Si desea acumular sus éxitos lea, perciba, comprenda y haga un uso completo de la geñialidad de mi amigo Darren para que sus sueños, esperanzas y deseos se conviertan en realidad.*"
—Mark Victor Hansen, cooperador del n.º1 de la lista de ventas del *New York Times*, la serie *Chicken Soup for the Soul* (Sopa de pollo para el alma) y coautor de *The One Minute Millionaire* (El millonario en un minuto)

"*Las personas que hablan del éxito pero no encuentran medios para materializarlo en sus vidas personales (relaciones, matrimonio y familia) no merecen mi admiración. En realidad sus palabras caen en oídos sordos. Desde que conozco a Darren Hardy, en todas nuestras conversaciones hablamos de cómo les va a nuestros hijos, esposas y familias. Creo que Darren sabe mucho sobre la consecución del éxito, y aún más importante, quiere que la gente lo alcance por las razones correctas*"
—Richard and Linda Eyre, autores del n.º 1 de la lista de ventas del *New York Times Teaching Your Children Values* (Cómo formar hijos con principios)

"El efecto compuesto *de Darren Hardy es la culminación de los principios del éxito que son relevantes para cualquiera que lo necesite. Como pensador, ha contribuido de forma significativa a nuestra industria. ¡Un libro estupendo!*"
—Stedman Graham, autor, orador y empresario

"De vez en cuando se presenta la oportunidad de dar un salto desde su posición actual hacia la que siempre ha querido ocupar. Este libro es esa oportunidad. Ahora le ha llegado su turno. Un trabajo magnífico de un experto en su campo."

—Robin Sharma, autor de los éxitos editoriales *The Monk Who Sold His Ferrari* (*El monje que vendió su Ferrari*) y *The Leader Who Had No Title* (*El líder que no tenía cargo*)

"Me he pasado la vida ayudando a gente a captar lo más esencial para que tengan éxito y logren resultados inmediatos, lo cual es la razón por la que me encanta este libro y se lo recomiendo a todos mis clientes. Darren tiene un talento sorprendente para compartir técnicas eficaces y contárnoslo sin adornos, de forma que podemos ahorrar tiempo valioso y poner en práctica su fórmula para el éxito inmediatamente."

—Connie Podesta, oradora de discursos, autora e instructora de ejecutivos

"Si alguien conoce los principios del éxito es Darren Hardy, el editor y director de redacción de la revista SUCCESS. Este libro es sobre el retorno y la atención hacia lo fundamental, lo realmente necesario para lograr el éxito. Haga de este libro, El efecto compuesto, un manual de usuario para el resto de su vida y avance paso a paso."

—Dr. Tony Alessandra, autor de *The Platinum Rule* y *Charisma*

"Con El efecto compuesto, *Darren Hardy se une a la lista de grandes autores sobre superación personal. Si seriamente quiere conseguir el éxito y vivir de acuerdo con su verdadero potencial, leer este libro es imprescindible. Será su manual de usuario para el éxito."*

—Vic Conant, presidente de Nightingale-Conant

"Vivimos con prisa y multitud de distracciones. Si quiere progresar eficazmente, no sólo lea este libro, estúdielo con un rotulador en la mano".

—Tony Jeary, instructor de los principales ejecutivos y triunfadores del mundo

"La revista SUCCESS ha sido el origen de ideas impactantes desde sus comienzos hace más de un siglo. Ahora, Darren Hardy, el encargado de esta publicación en el siglo XXI, ha extraído los principios fundamentales que usted necesitará para crear la vida que siempre ha imaginado. No sólo debe leer este libro, debe devorarlo de principio a fin".

—Steve Farber, autor de los éxitos de ventas *The Radical Leap* (*Liderazgo radical*) y *Greater Than Yourself*

"Leer este libro es imprescindible para los que buscan el éxito. ¿Sabe qué necesita? ¿Quiere saber qué debe hacer? Todo está ahí. Es el manual de usuario para el éxito".

—Keith Ferrazzi, autor del n.º1 de la lista de ventas del *New York Times, Who's Got Your Back* y *Never Eat Alone (Nunca comas solo)*

"El efecto compuesto es una guía del éxito exhaustiva y persuasiva. Ofrece una estrategia completa para que avance de su posición actual a la que realmente desea. El nombre Darren Hardy se identifica con éxito. Mi consejo es que lea el libro, haga los ejercicios y logre el éxito".

—Jeffrey Hayzlett, autor de *The Mirror Test (La prueba del espejo)* y gerente general de Kodak

"Puede llevarle el resto de su vida intentar entender cómo conseguir éxito o puede seguir los principios comprobados y métodos incluidos en este libro. Es elección suya; seguir el método difícil... u optar por el inteligente".

—John Assaraf, autor de *The Answer (La respuesta)* y *Having It All (Tenerlo todo)*

"¡Por fin! Darren Hardy lo ha logrado con este libro. Ha extraído los principios fundamentales necesarios para alcanzar la vida que usted siempre imaginó. Domine estos principios básicos y será el dueño de su futuro".

—Don Hutson, orador, coautor del n.º 1 de la lista de ventas del *New York Times, The One Minute Entrepreneur (Empresario en un minuto)* y director ejecutivo de U.S. Learning

"Su vida será el resultado neto de cada paso que dé. Deje que esta persuasiva guía le muestre cómo elegir mejor, desarrollar hábitos mejores y tener pensamientos mejores. Su éxito está verdaderamente en sus manos... en este libro."

—Jim Cathcart, orador y autor de *The Acorn Principle (El principio Acorn)*

"En Zappos, uno de los valores esenciales es la búsqueda del desarrollo personal y el aprendizaje. En la entrada de la oficina central tenemos una biblioteca a la que donamos libros que creemos que servirán de ayuda para el desarrollo personal y profesional de empleados y visitantes. Tengo muchas ganas de añadir El efecto compuesto *a esta biblioteca."*

—Tony Hsieh, autor de *Delivering Happiness (Entregando felicidad)* y director ejecutivo de Zappos

"Si hay alguien que está siempre al tanto de todo lo relativo al éxito, ése es Darren Hardy, editor y director de redacción de la revista SUCCESS. *Siempre estoy deseando leer lo que tiene que decir. Es un experto en condensar grandes ideas."*

—Larry Benet, presidente del grupo de la red social *Speakers and Authors*

EL EFECTO
COMPUESTO

MULTIPLICAR EL ÉXITO DE FORMA SENCILLA

DARREN HARDY
— Editor de la revista *SUCCESS*

SUCCESS | BOOKS

Publicado por 2011VideoPlus Europe Sp. z o. o.
www.videoplus.com/eu.

Impreso en Polonia

Diseño: Greg Luther and Amy McMurry
Correcciones: Erin Casey
Traducción: Cristina López-Burgos

ISBN: 978-83-932222-4-7

Dedico este libro a:

Jerry Hardy, mi padrino, mi padre y la persona que me enseñó con su ejemplo los principios del efecto compuesto.

Y a Jim Rohn, mi mentor, la persona que me enseñó, entre otras muchas cosas, a hablar de los temas que importan con las personas que se interesan.

¡AVISO! Los encabezados de estos capítulos parecen sencillos. Las estrategias del éxito ya no son un secreto, pero la mayoría de las personas las ignoran. ¿Cree que ya conoce los secretos del éxito? Eso es lo que cree todo el mundo. Las seis estrategias recogidas en este libro, aplicadas en secuencia, enriquecerán sus finanzas y su vida (es decir, su éxito) de una forma que nunca antes hubiera imaginado.

Como editor de la revista *SUCCESS*, lo he visto todo. Nada funciona mejor que el efecto compuesto de acciones sencillas repetidas durante un período de tiempo.

Es decir, esto es lo que de verdad cuenta para conseguir gran éxito en la vida. No importa cuál sea su sueño o meta, el plan para lograrlo se encuentra en el libro que tiene en sus manos. Léalo y transforme su mundo.

ÍNDICE

AGRADECIMIENTOS

Dirijo mi reconocimiento y gratitud al equipo de SUCCESS Media y de la revista *SUCCESS*, que me ha apoyado durante esta labor de sangre, sudor y casi lágrimas, con una mención especial a mis buenos amigos y colegas Reed Bilbray y Stuart Johnson...

A mi musa literaria y colaboradora, Linda Sivertsen, que me ayudó a compilar las historias y alusiones del pasado e introdujo orden y coherencia...

A las prodigiosas correcciones de Erin Casey, al toque siempre genial de la redactora de la revista *SUCCESS*, Lisa Ocker, y a nuestra redactora jefe, Deborah Heisz...

A los muchos y destacados expertos en desarrollo personal con los que he trabajado y de los que he aprendido durante las dos últimas décadas: todos los directores ejecutivos, empresarios innovadores y asombrosos triunfadores que he tenido la oportunidad de entrevistar y de los cuales he absorbido nuevas perspectivas, ideas y sabiduría...

A todos los lectores de la revista *SUCCESS*, de mi bitácora (blog) y del resto de mis publicaciones, cuya opinión entusiasta y agradecida me inspira a continuar con la búsqueda del cenit de mis posibilidades, para así poder ayudar a otros a encontrar las suyas...

Y finalmente, sobre todo, a mi bella y maravillosa esposa, Georgia, que sacrificó muchas noches y fines de semana sin mí mientras trabajaba en la compleción de este manuscrito.

No importa lo que aprenda o qué estrategia o táctica utilice, el éxito llega como resultado del efecto compuesto.

MENSAJE ESPECIAL DE
ANTHONY ROBBINS

Durante los últimos treinta años he tenido el privilegio de ayudar a más de 4 millones de personas a progresar en la vida. He trabajado con un grupo muy diverso: desde presidentes de gobierno, presos, atletas olímpicos, ganadores de Oscar y empresarios millonarios, hasta personas que luchaban por poner en marcha un negocio. Tanto si se trataba de una pareja esforzándose por mantener a su familia unida, o de un preso que buscaba la forma de cambiar radicalmente su vida, mi atención siempre se ha centrado en ayudar a la gente a conseguir resultados reales y sostenibles. Esto no se puede lograr con una píldora mágica o una fórmula secreta, pero sí es posible cuando se conocen las verdaderas herramientas, estrategias y ciencia necesarias que nos permiten romper con patrones destructivos y conseguir una vida con sentido.

Darren y yo decidimos asumir el control de nuestras vidas a una edad muy temprana. Buscamos respuestas pidiendo opinión a los que tenían el tipo de vida que queríamos para nosotros. Aplicamos lo que aprendimos. No se sorprenda si ambos mencionamos a Jim Rohn como mentor. Jim era un experto ayudando a la gente a comprender la verdad, las leyes y las prácticas que conducen a un éxito real y duradero. Jim nos enseñó que triunfar no se debe a la suerte, es una ciencia. Sí claro, todos somos diferentes, pero las leyes del éxito son iguales para todos. Se recoge lo que se siembra, no podemos obtener de la vida lo que no estamos dispuestos a poner antes. Si quiere más amor, dé más amor. Si desea un éxito mayor, ayude a otros a conseguir más. Cuando estudie y domine el arte de triunfar, encontrará el éxito que desea.

Darren Hardy es la prueba viviente de esta filosofía. Practica lo que dice. Los conceptos que revela en este libro están basados en lo que ha funcionado en su vida, y en la mía también.

Este hombre ha aplicado principios sencillos pero profundos que son la clave para tener éxito y los ha utilizado para ganar más de un millón de dólares al año a los veinticuatro años y poner en marcha una compañía de más de 50 millones de dólares a los veintisiete. En los últimos veinte años de su vida, Darren ha sido el laboratorio personal donde ha estudiado e investigado el tema del éxito. Se ha utilizado a sí mismo como un conejillo de indias, probando cientos de ideas, recursos y herramientas diferentes, y mediante sus fracasos y triunfos ha aprendido qué ideas y estrategias funcionan y cuáles no.

Durante dieciséis años, me he relacionado con Darren, quien como líder de la industria del desarrollo personal ha trabajado estrechamente con cientos de escritores, oradores e intelectuales de primera clase. Ha formado a decenas de miles de empresarios, aconsejado a grandes empresas y ha sido el mentor de docenas de directores ejecutivos y triunfadores de alto rendimiento, aprendiendo de ellos lo que realmente importa y funciona, y lo que no. En su cargo como editor de la revista *SUCCESS*, Darren ocupa una posición central en el sector del desarrollo personal. Ha entrevistado a personajes de éxito, desde Richard Branson hasta el general Colin Powell o Lance Armstrong, con los que ha tratado multitud de temas relacionados con el éxito. A partir de este material ha filtrado las mejores ideas y las ha compilado todas (incluso algunas mías). En sí mismo, Darren es una enciclopedia clasificada, filtrada, asimilada, resumida, analizada, categorizada, detallada e informativa de éxito personal. Ha descartado lo innecesario y se ha centrado en los principios esenciales que importan, principios que usted puede poner en práctica para obtener resultados apreciables y sostenibles.

El efecto compuesto es el manual del usuario donde se enseña a manejar el sistema, cómo controlarlo, dominarlo y adaptarlo según las necesidades y deseos de cada uno. En cuanto lo ponga en práctica, no habrá nada que se le resista.

El efecto compuesto se basa en un principio que he utilizado en mi propia vida y formación: las decisiones moldean nuestro destino. El futuro lo creamos nosotros. Pequeñas decisiones diarias nos conducen a la vida que deseamos o, de forma predeterminada, al desastre. En realidad, son la decisiones menores las que moldean nuestras vidas. Manténgase alejado del itinerario, solamente dos milímetros, y su trayectoria cambiará. Lo que parecían pequeñas decisiones intranscendentes, ahora pueden llegar a convertirse en un error de cálculo enorme. Todo lo que elige: desde la comida, lugar de trabajo, personas con las que pasa su tiempo, hasta lo que hace por las tardes, determina su modo de vida actual, pero aún más importante, el que tendrá el resto de su vida.

Lo bueno es que pueden introducirse cambios. De la misma manera que los dos milímetros de desviación nos apartan del camino, un ajuste de otros dos milímetros nos trae de nuevo al hogar. El secreto está en encontrar el plan, la guía o el mapa que nos muestra dónde está ese hogar, cómo llegar allí y cómo mantenerse en la ruta.

Este libro es ese plan de acción detallado y real. Deje que cambie radicalmente sus expectativas, elimine sus ideas preconcebidas y despierte su interés por aportar valor a la vida, y empiece ahora mismo. Aproveche esta herramienta. Utilícela como una guía para crear la vida y el éxito que desea. Si así lo hace, junto con el resto de otras cosas correctas y mucha perseverancia, sé que encontrará lo mejor que la vida puede ofrecerle.

¡Viva con pasión!

Anthony Robbins

Empresario, autor y estratega de rendimiento máximo

INTRODUCCIÓN

Este libro trata del éxito y de cómo conseguirlo. Ya es hora de que alguien se lo cuente claramente, pues le han mantenido entre tinieblas durante demasiado tiempo. No hay curas milagrosas, ni fórmulas secretas o soluciones rápidas. No ganará 200.000 dólares al año navegando por Internet dos horas al día, ni perderá quince kilos en una semana, ni borrará veinte años de su rostro con una crema, ni solucionará su vida amorosa con una pastilla, ni tampoco conseguirá el éxito duradero con planes demasiado buenos como para ser verdad. Sería maravilloso si éxito, fama, autoestima, relaciones personales satisfactorias, salud y bienestar pudieran comprarse empaquetados en una tienda de oportunidades. Sin embargo, las cosas no funcionan así.

Constantemente nos bombardean con promesas para conseguir riqueza, forma física, juventud y atractivo, todo de un día para otro, con poco esfuerzo y tres plazos de 39,95 dólares. La repetición de estos mensajes publicitarios ha desfigurado nuestra noción de lo que realmente es necesario para triunfar. Hemos perdido la visión de los sencillos pero profundos principios que son necesarios para alcanzar el éxito.

¡Ya está bien! No me voy a quedar sentado sin hacer nada viendo cómo estos mensajes insensatos hacen descarrilar a la gente. He escrito este libro para enseñarle lo que realmente importa. Voy a ayudarle a deshacerse de lo superfluo y centrarse en lo esencial. Puede incorporar inmediatamente en *su* vida los ejercicios y principios del éxito probados y descritos en este libro, con el fin de lograr resultados palpables y duraderos. Voy a enseñarle cómo aprovechar el poder del efecto compuesto, el sistema operativo que ha estado gobernando su vida, para mejor o para peor. Si utiliza este sistema a su favor, revolucionará su vida. Habrá oído decir que es posible lograr cualquier cosa que nos propongamos, ¿verdad? Bueno, sí. Pero sólo si sabe cómo. Este libro es el manual del usuario donde aprenderá a dominar el sistema. Cuando lo haga, no habrá nada que no pueda obtener y lograr.

¿Cómo sé yo que el efecto compuesto es el único proceso necesario para alcanzar el éxito supremo? En primer lugar, he aplicado estos principios a mi propia vida. Odio la superioridad con la que algunos autores hablan de su fama y riqueza, pero es importante que sepa que yo le cuento mis experiencias personales, me estoy ofreciendo como la prueba viviente, y no repito teorías mecánicamente. Como mencionaba Anthony Robbins, he disfrutado de considerable éxito en mis proyectos empresariales porque he procurado vivir según los principios que leerá en este libro. Durante los últimos veinte años, he estudiado intensamente el éxito y los logros humanos. He gastado cientos de miles de dólares probando miles de ideas, recursos y filosofías diferentes. Mi experiencia personal me ha demostrado que no importa lo que aprendas o qué estrategia o táctica emplees, el éxito surge como el resultado del sistema operativo del efecto compuesto.

En segundo lugar, durante los últimos dieciséis años he estado a la cabeza de la industria del desarrollo personal. He trabajado con respetados pensadores, autores y oradores. Como orador y consultor he formado a miles de empresarios. He sido mentor de líderes de los negocios, directores ejecutivos e innumerables triunfadores. He examinado miles de monografías (o estudios de casos) de los cuales aprendí lo que funciona y lo que no.

En tercer lugar, como editor de la revista *SUCCESS*, tengo que cribar miles de propuestas de artículos y libros, ayudar a decidir qué expertos tendrán un artículo en la revista y revisar todo su material. Cada mes entrevisto a media docena de expertos, hablamos de multitud de temas de éxito y obtengo los detalles de las mejores ideas. Todo el día, todos los días, consumo, clasifico, filtro y leo una montaña de información sobre éxito personal.

Lo que quiero decir es que cuando se tiene una visión tan completa de esta industria, y la sabiduría obtenida con las enseñanzas y prácticas de algunas de las personas más exitosas del mundo, llegas a ver las cosas con una claridad sorprendente, es decir, las verdades fundamentales subyacentes se vuelven más claras que el agua. Una vez que he visto, leído y escuchado casi todo, ya no me dejo engañar por la táctica más novedosa o el que va de profeta con el adelanto científico más innovador. Nadie me engaña con sus trucos. Tengo demasiados puntos de referencia. La escuela de la vida me ha enseñado la verdad de la forma más cruda. Como decía mi mentor, el filósofo de los negocios Jim Rohn, "no hay principios nuevos. La verdad no es nueva, es vieja. Tienes que recelar del individuo que dice: 'Venga por aquí, quiero enseñarle las antigüedades que he fabricado'. No, no se pueden fabricar antigüedades".

Este libro se ocupa de lo que realmente importa, sin adornos innecesarios. ¿Cuáles son esos seis elementos básicos que, bien enfocados y dominados, constituyen el sistema operativo que le llevará a cualquier meta que desee y le ayudará a vivir la vida a la que está destinado? Este libro contiene esos seis componentes fundamentales que forman el sistema operativo denominado el efecto compuesto.

Antes de meternos de lleno, tengo que advertirle: lograr el éxito no es fácil. El proceso es laborioso, tedioso y algunas veces aburrido. Conseguir ser rico e influyente y convertirse en el mejor de su campo supone un proceso lento y arduo. No me malinterprete, si sigue esos pasos verá resultados en su vida casi inmediatamente. Pero si odia el esfuerzo, la disciplina y la entrega, por mí puede encender el televisor otra vez y depositar sus esperanzas en el siguiente 'anuncio de teletienda' (sí, ese que promociona éxito inmediato si tienes a mano una buena tarjeta de crédito).

Ahí quería llegar: usted ya conoce todo lo que necesita para triunfar. No necesita aprender nada más. Si todo lo que necesitáramos fuera información, todo el mundo con una conexión a Internet viviría en una mansión, tendría abdominales de acero y sería completamente feliz. Lo que necesita es un plan de acción, no más o nueva información. Es hora de crear nuevos comportamientos y hábitos que se aparten de la autodestrucción y se orienten hacia el éxito. Así de sencillo.

Está a punto de descubrir un plan de acción detallado y tangible. Deje que crezcan sus expectativas, elimine sus ideas preconcebidas, despierte su curiosidad y aporte valor a su vida, ahora mismo. A lo largo del libro menciono recursos que están a su disposición en TheCompoundEffect.com. Visite el sitio y utilícelos. Este libro, y las herramientas que proporciono, ofrecen lo mejor de todo lo que he oído, visto, estudiado y probado. Es lo mejor de lo que incluimos todos los meses en la revista *SUCCESS*, todo en un librito que cambiará su vida. Y *es* sencillo.

¡Empecemos!

CAPÍTULO 1

EL EFECTO COMPUESTO EN ACCIÓN

¿Conoce el refrán "paso a paso se llega lejos"? ¿Le han contado alguna vez la fábula de la liebre y la tortuga? Señoras y señores yo represento a la tortuga. Deme tiempo suficiente y venceré prácticamente a todo el mundo, en cualquier momento y cualquier competición. ¿Por qué? No porque sea el mejor, el más listo o el más rápido. Ganaré porque he desarrollado hábitos positivos y los he aplicado constantemente. Soy el partidario de la constancia por excelencia. Yo mismo soy la prueba viviente de que ésta es la clave primordial del éxito, y también el mayor obstáculo para los que luchan por triunfar. La mayoría de las personas no saben cómo perseverar. Yo sí. Se lo debo a mi padre. Él fue mi primer instructor, por estimular en mí el poder del efecto compuesto.

Mis padres se divorciaron cuando yo tenía dieciocho meses y mi padre me crió solo. No era exactamente la clase de padre dulce y cariñoso. Había sido entrenador de fútbol americano universitario y me preparó duramente para triunfar.

Todos los días mi padre me despertaba a las seis de la mañana, y no con una palmadita cariñosa en el hombro, o el sonido de un radio despertador. No, lo que me despertaba era un incesante sonido mecánico de hierro golpeando el suelo del garaje, que estaba situado al lado de mi dormitorio. Era como despertarse a 4 metros de un solar en construcción. En la pared del garaje mi padre había escrito el lema "para ganar hay que sufrir" y lo miraba fijamente mientras repetía infinidad de veces los tradicionales pesos muertos, levantamientos en dos tiempos, fondos y sentadillas. Lluvia, viento o marea mi padre estaba allí con sus pantalones cortos y una camiseta vieja. No perdonaba ni un solo día. Su puntualidad era la de un reloj.

Yo tenía asignadas más tareas que un ama de llaves y un jardinero juntos. Cuando volvía del colegio siempre me esperaba una lista con más instrucciones: quitar la maleza, rastrillar las hojas, barrer el garaje, quitar el polvo, pasar la aspiradora, lavar los platos, o lo que fuera. Ir mal en el colegio no se toleraba. Así eran las cosas.

Mi padre era el típico para el que no había excusas. Nunca nos permitía no ir al colegio por estar enfermos, a menos que estuviéramos vomitando, nos desangráramos o tuviéramos algún "hueso al descubierto". La expresión "hueso al descubierto" se remontaba a sus días como entrenador. Sus jugadores sabían que no podían abandonar el juego, a no ser que se lesionaran gravemente. En una ocasión, un defensa quería retirarse del partido y mi padre le contestó: "No, a menos que tengas un "hueso al descubierto". El defensa se quitó las hombreras y, no cabía duda, se le veía la clavícula. Sólo entonces le permitió abandonar el campo.

Una de sus teorías esenciales era: "no importa lo listo que seas, necesitas compensar con esfuerzo la falta de experiencia, destreza, inteligencia, o habilidades innatas. Si tu oponente es más listo o tiene más talento y experiencia que tú, tendrás que esforzarte tres o cuatro veces más que él. ¡Pero puedes vencerle!" Sea cual fuera el reto, él me enseñó a compensar con esfuerzo todo aquello que pudiera ser una desventaja: ¿has fallado tres tiros en el partido? Practica mil tiros libres todos los días durante un mes. ¿Te falla el regateo con la mano izquierda? Sujeta la mano derecha en la espalda y practica el regateo tres horas al día. ¿Vas mal en matemáticas? Aplícate, contrata a un profesor y estudia al máximo todo el verano hasta que las entiendas. No valen excusas. Si hay algo que no se te da bien, esfuérzate más y trabaja de manera inteligente. Mi padre también predicaba con el ejemplo. Pasó de entrenador de fútbol americano a ser un gran comercial de ventas. Después llegó a ser el jefe y finalmente consiguió tener su propia empresa.

Sin embargo, nunca nos daba demasiadas instrucciones. Desde pequeños él prefirió que encontráramos la respuesta nosotros mismos. Para él todo era cuestión de asumir responsabilidades. No nos insistía cada tarde para que hiciéramos los deberes; sólo teníamos que demostrárselo con los resultados; y si éstos eran buenos, nos alababa. Si teníamos buenas notas nos llevaba a una heladería donde servían un "banana split" con ¡seis bolas de helado con todo tipo de extras!. Muchas veces mis hermanos no conseguían buenos resultados y no podían ir. Conseguir que te llevara era un triunfo, así que nos esforzábamos al máximo para ganarnos el premio.

La disciplina de mi padre me sirvió de ejemplo. Era mi ídolo y quería que estuviera orgulloso de mí. También tenía miedo de decepcionarle. Una de sus teorías es: "debes ser el chico que sabe decir 'No'. No es una proeza dejarse llevar por los demás. Debes ser el diferente, el tipo excepcional". Por esa razón nunca probé las drogas, aunque él jamás me machacó con ese tema. Yo no quería ser el típico que se deja arrastrar y termina haciendo algo porque los demás también lo hacen. Además, tampoco quería defraudar a mi padre.

Gracias a él, a los doce años dominaba ya un programa propio de un eficiente director ejecutivo. A veces me quejaba y protestaba (después de todo no dejaba de ser un niño), pero incluso entonces disfrutaba secretamente, pues sabía que tenía ventaja con respecto a mis compañeros de clase. Mi padre me inculcó desde temprana edad la disciplina y mentalidad necesarias para ser responsable, entregado y conseguir lo que me propongo. No es casualidad que el eslogan de la revista *SUCCESS* sea "What *Achievers* Read" ("Lectura para triunfadores").

En la actualidad bromeo con mi padre por haberme entrenado para convertirme en un adicto al triunfo. A los dieciocho años ya estaba ganando un sueldo de seis cifras con mi propia empresa. A los veinte ya era el propietario de una casa en un barrio elegante. A los veinticuatro mis ingresos superaban 1 millón de dólares al año y a los veintisiete ya era oficialmente millonario, con una empresa que generaba más de 50 millones de dólares de beneficios. Y eso es sólo lo que he conseguido hasta ahora, porque todavía no he cumplido los cuarenta y ya tengo dinero y bienes suficientes como para mantener a mi familia el resto de mi vida.

Mi padre dice: "hay muchas formas de echar a perder a un hijo; al menos mi método resultó muy eficiente. Parece que a ti te funcionó."

Aunque admito que he tenido que *practicar* para saber estar de brazos cruzados y disfrutar del momento o relajarme en una tumbona sin llevarme un montón de libros de economía o unos CD de autoayuda, tengo que agradecer a mi padre, y a otros mentores posteriores, sus enseñanzas para triunfar.

El efecto compuesto revela el "secreto" de mi éxito. Estoy convencido de su eficacia porque mi padre se aseguró de que lo pusiera en práctica cada día, hasta que fue imposible vivir de otra manera, aunque lo intentara.

Pero si usted es como la mayoría de la gente, no está realmente convencido, y es perfectamente comprensible por muchas razones. No ha tenido el mismo entrenamiento que yo, o los ejemplos para saber cómo obrar. No ha experimentado los beneficios del efecto compuesto. Formamos parte de una sociedad que nos ha engañado, que nos ha hipnotizado con marketing comercial, que nos hace creer que tenemos problemas que realmente no tenemos para luego vendernos soluciones instantáneas para "solucionarlos". Nos han inculcado los finales felices de las películas y las novelas, y hemos olvidado los verdaderos valores tradicionales, como el trabajo arduo y constante.

A continuación examinaremos estos obstáculos uno por uno.

Nunca ha experimentado los beneficios del efecto compuesto

El efecto compuesto consiste en cosechar grandes beneficios basados en una serie de pequeñas pero inteligentes decisiones.

Lo más interesante de este proceso es que si bien los resultados son enormes, en su momento los pasos que seguimos no *parecen* importantes. Tanto si va a utilizar este método para mejorar su salud, sus relaciones personales, sus finanzas o cualquier otro aspecto de su vida, verá que los cambios son tan sutiles que son casi imperceptibles. Estos pequeños cambios casi no proporcionan ningún resultado inmediato, ni grandes logros y aún menos obvios beneficios. Por lo tanto, ¿para qué molestarse?

La simplicidad del efecto compuesto confunde a mucha gente. Por ejemplo, dejan de correr después de ocho días porque siguen con sobrepeso, o dejan de tocar el piano después de seis meses porque sólo saben tocar la canción "Chopsticks" (literalmente "palillos chinos", porque se toca con dos dedos). O dejan de contribuir al plan de pensiones después de varios años porque prefieren gastarse el dinero y, de todos modos, el fondo no parece aumentar demasiado.

No se dan cuenta de que esas pequeñas decisiones, a primera vista insignificantes, a la larga marcarán una gran diferencia. Déjeme ilustrarlo con unos ejemplos.

Pequeñas elecciones acertadas + Constancia + Tiempo = DIFERENCIA RADICAL

El penique mágico

Si le dieran a elegir entre 3 millones de dólares en efectivo ahora mismo y un penique que dobla su valor todos los días, durante un período de 31 días, ¿qué elegiría? Si ya le han contado esta historia antes, sabrá que debe elegir la táctica del penique, ya que es el método que proporcionará más riqueza. Sin embargo, ¿por qué es tan difícil creer que el penique producirá más dinero al final? *Porque se tarda mucho más en ver el beneficio.* Examinemos este ejemplo con más detenimiento.

Imagine que se lleva el dinero en efectivo y una amiga suya se decide por el penique. En el espacio de cinco días, su amiga tiene 16 centavos. Usted, tiene 3 millones de dólares. Al décimo día nos encontramos con que ella tiene 5,12 dólares frente a todo su montón de dinero. ¿Qué cree que piensa su amiga de la decisión tomada? Usted está gastando sus millones, disfrutándolo a tope y encantado con su decisión.

Después de veinte días, faltando apenas once para terminar, su amiga tiene sólo 5.243 dólares. ¿Cómo cree que se siente en ese momento? Con todo su sacrificio y actitud positiva apenas ha alcanzado 5.000 dólares. Usted, no obstante, tiene 3 millones de dólares. Es entonces cuando la magia invisible del efecto compuesto empieza a apreciarse. Ese pequeño aumento aritmético, aplicado diariamente a un penique genera un valor acumulado de 10.737.418,24 de dólares después de treinta y un días. Esa cantidad es tres veces mayor que sus 3 millones.

En este ejemplo, queda demostrado por qué la constancia a largo plazo es tan importante. El día veintinueve, usted sigue con los 3 millones de dólares y su amiga ha alcanzado 2,7 millones. Es el día treinta y uno de esta carrera cuando su amiga le adelanta y consigue acumular 5,3 millones de dólares. Y el último día de esta carrera maratoniana de un mes su amiga finalmente le deja fuera de juego y termina con 10.737.418,24 dólares frente a sus 3 millones.

Pocas cosas son tan impresionantes como la "magia" de los peniques que se acumulan. Sorprendentemente, esta "fuerza" es igual de poderosa en todos los aspectos de su vida.

A continuación le ofrezco otro ejemplo...

Tres amigos

Pensemos en tres amigos que se conocen desde pequeños. Viven en el mismo barrio y son de ideas muy parecidas. Su salario anual es similar, 50.000 dólares al año. Están casados, su salud y peso es normal, a excepción de esa "barriguita de la felicidad".

El amigo número uno, al que llamaremos Lorenzo, lleva una vida monótona y siempre hace lo mismo. Es feliz, o al menos eso es lo que cree, pero a veces se queja de que todo es siempre igual.

El amigo número dos, Santiago, introduce pequeños cambios positivos en su vida, a primera vista intrascendentes. Todos los días lee 10 páginas de un buen libro y mientras se desplaza al trabajo escucha durante 30 minutos algo instructivo o inspirador. Santiago quiere incorporar cambios en su vida pero de forma sutil. Recientemente leyó una entrevista con el doctor Mehmet Oz, en la revista *SUCCESS*, y decide poner en práctica una idea del artículo: reducir 125 calorías de su dieta diaria. No es un gran cambio, supone una ración menos de cereales al día, beber agua con gas en lugar de un refresco o sustituir la mayonesa por la mostaza en su bocadillo. Todo ello es posible. También decide caminar más (alrededor de un kilómetro y medio al día). Tampoco una gran hazaña. Sin embargo, Santiago se ha propuesto mantener sus propósitos, pues sabe que, si bien son sencillos, también puede verse fácilmente tentado a abandonarlos.

El amigo número tres, Bruno, ha tomado algunas malas decisiones. Hace poco compró una televisión de pantalla grande para pasar más tiempo viendo sus programas favoritos. También ha estado experimentando con recetas del Canal

Cocina y sus favoritas son las que llevan queso y los postres. También ha instalado un mueble bar en la sala de estar y ha añadido una bebida alcohólica a su dieta semanal. Ninguna locura, Bruno sólo quiere disfrutar un poco más de la vida.

Cinco meses después, no hay diferencias visibles entre Lorenzo, Santiago y Bruno. Santiago sigue leyendo un poco cada noche y escuchando los CD en sus desplazamientos. Bruno lo está pasando bien y hace menos que antes. Lorenzo sigue haciendo lo mismo de siempre. Aunque cada uno tiene un comportamiento diferente, cinco meses no es tiempo suficiente para apreciar si su situación ha mejorado o empeorado. De hecho, si hiciéramos un gráfico de su peso, veríamos que el error de redondeo arroja un resultado cero. En apariencia, los tres siguen igual.

Después de diez meses, aún no podemos ver cambios evidentes en sus vidas. No es hasta finales del décimo octavo mes cuando percibimos diferencias sutiles en la apariencia de los tres amigos.

En el vigésimo quinto mes empezamos a ver diferencias apreciables y al cabo de dos meses la diferencia es ya muy evidente. A partir del mes treinta y uno, el cambio es asombroso. Ahora, Bruno está gordo y Santiago se ha estilizado. Al reducir 125 calorías diarias de su dieta durante treinta y un meses, Santiago ha perdido unos 15 kilos.

---

31 meses = 940 días
940 días x 125 calorías al día = 117.500 calorías
117.500 calorías divididas entre 7833 por kilo = 15 kilos

Durante ese mismo período de tiempo, Bruno añadió tan sólo 125 calorías diarias a su dieta y ha engordado 15 kilos. Ahora pesa 30 kilos más que Santiago. Sin embargo, las diferencias más significativas no tienen que ver con el peso. Santiago pasó casi mil horas leyendo libros de calidad y escuchando grabaciones de autoayuda. Puso en práctica lo que iba aprendiendo y consiguió un ascenso y un aumento de sueldo. Lo mejor de todo es que su matrimonio se ha fortalecido. Por su parte, Bruno no está contento en el trabajo y su vida de pareja se tambalea. En cuanto a Lorenzo, se encuentra prácticamente en la misma situación que hace dos años y medio, pero aún más insatisfecho que antes.

La increíble eficacia del efecto compuesto es así de simple. La diferencia entre los que utilizan el efecto compuesto para mejorar y los que permiten que el mismo efecto se vuelva contra ellos es difícil de imaginar. Parece un milagro, es como magia o un acelerador de partículas. Pasados treinta y un meses (podrían ser treinta y un años), la persona que utiliza el efecto compuesto de forma positiva parece lograr el éxito "de la noche a la mañana". En realidad, no es más que el resultado de pequeñas decisiones inteligentes tomadas de forma constante durante un largo período de tiempo.

La reacción en cadena

Los resultados del ejemplo anterior parecen espectaculares, soy consciente de ello. Pero aún es posible profundizar más. La realidad es que incluso un cambio mínimo puede ser importante y provocar una reacción en cadena inesperada e imprevista. Examinemos en detalle una de las malas costumbres de Bruno (la ingestión de comida grasienta con más frecuencia) para entender mejor cómo el efecto compuesto puede funcionar también de forma negativa y crear una reacción en cadena que afectará a todos los aspectos de su vida.

Bruno prepara unas magdalenas con una receta que aprendió en el Canal Cocina. Está orgulloso, su familia está encantada y le parece algo enriquecedor. Empieza a preparar magdalenas (y otros dulces) con más frecuencia. Le gusta lo que cocina y come más de lo que debería, pero no tanto como para que los demás se den cuenta. La porción extra de comida no le deja dormir bien. Se despierta aturdido y está irritable. El mal humor y la falta de sueño empiezan a tener efectos en su rendimiento laboral. Es menos productivo y a causa de ello su jefe expresa su descontento con comentarios desalentadores. Al final de la jornada, se siente insatisfecho con su trabajo y sin energía. El trayecto a casa le parece más largo y estresante que nunca. Como resultado, busca consuelo en la comida; el estrés puede tener este efecto.

Debido a esta carencia general de energía, Bruno pasea cada vez menos con su mujer, ya no le apetece. Ella echa de menos el tiempo que pasaban juntos e interpreta su apatía como un rechazo hacia ella. Con esa falta de aire fresco, ejercicio y actividades compartidas con su mujer, Bruno no libera la misma cantidad de endorfinas que anteriormente contribuían a su optimismo y entusiasmo. Como no es feliz como antes, se critica a sí mismo y a los demás, y deja de hacer cumplidos a su mujer. A medida que su cuerpo va adquiriendo flacidez, se siente menos seguro de sí mismo, menos atractivo y se vuelve menos romántico.

Bruno no se da cuenta del efecto negativo que tiene en su mujer su falta de energía y cariño hacia ella. Sólo sabe que no se siente bien. Empieza a perder más tiempo viendo programas de televisión a altas horas de la noche porque le distraen fácilmente. Su mujer es consciente del distanciamiento; primero se queja y luego exige su atención. Como esta estrategia no funciona, se distancia emocionalmente para protegerse a sí misma. Se siente sola. Se entrega con toda su energía al trabajo y pasa más tiempo con sus amigas para satisfacer la necesidad de compañía. Algunos hombres coquetean con ella, lo cual hace que se sienta deseada de nuevo. Ella nunca sería infiel a su marido, pero Bruno presiente que algo no va bien. En lugar de reconocer que el origen de sus problemas está en *sus* desafortunadas decisiones y su mal comportamiento, le echa la culpa a su mujer.

Creer que es el otro quien está equivocado en lugar de analizarse uno mismo y hacer lo necesario para reparar el desorden causado es un tema de psicología para principiantes. Bruno no sabe cómo analizarse a sí mismo. En sus programas favoritos, gastronómicos y policíacos, no se tratan temas de autoayuda ni se dan consejos sobre relaciones personales. Si se le hubiese ocurrido leer los libros de autoayuda que leía su amigo Santiago, tal vez habría aprendido maneras de cambiar malos hábitos. Desafortunadamente para Bruno, las pequeñas decisiones que fue tomando a diario provocaron una reacción en cadena que provocó estragos en todos los aspectos de su vida.

Por supuesto, todo este recuento de calorías y la estimulación intelectual tuvieron el efecto contrario en Santiago, quien ahora recibe la recompensa de los resultados positivos. En su libro The *Slight Edge*, Jeff Olson (otro protegido de Jim Rohn) describe este fenómeno como la repetición de simples acciones rutinarias a diario frente a los pequeños errores a la hora de tomar decisiones. Es así de sencillo. Con suficiente tiempo y constancia, el resultado se torna visible. Mejor aún, es totalmente previsible.

El efecto compuesto se puede predecir e incluso medir. ¡Qué gran descubrimiento! ¿No le alivia saber que sólo con dar unos pasitos con constancia y durante un tiempo, usted puede mejorar su vida de forma radical? ¿No le parece esto más fácil que hacer toda una demostración de valentía y fuerza heroica hasta caer rendido y verse obligado a dejarlo para más tarde hasta que haya recuperado la energía suficiente, por lo demás con muchas posibilidades de fracasar de nuevo? Sólo de pensarlo ya estoy agotado. Pero eso es lo que hace la gente. La sociedad nos programa para creer que la demostración de un esfuerzo enorme es efectiva. ¡Y eso es muy americano! Vea la imagen 1.

Fig. 1

El atractivo del efecto compuesto reside en su simplicidad. Observe que en la parte izquierda del gráfico los resultados son imperceptibles, pero posteriormente la diferencia entre ellos es sustancial. Los comportamientos son iguales todo el tiempo, pero finalmente la magia del efecto compuesto irrumpe para crear enormes diferencias en los resultados.

Éxito: la vieja escuela

El mayor reto del efecto compuesto es que tenemos que esforzarnos durante un cierto período de tiempo, de forma constante y eficaz antes de poder ver los beneficios. Nuestros abuelos lo sabían, y no se pasaban las noches pegados al televisor, viendo los anuncios de teletienda sobre cómo conseguir unos muslos delgados en treinta días o un imperio inmobiliario en seis meses. Apuesto a que sus abuelos trabajaban seis días a la semana, desde el amanecer hasta el atardecer, poniendo en práctica las habilidades que aprendieron en su juventud y que siguieron utilizando durante el resto de su vida. Sabían que el secreto se encuentra en el esfuerzo, la disciplina y los buenos hábitos.

Es curioso constatar que la riqueza tiende a saltarse una generación. La abundancia extrema a menudo conduce a una actitud despreocupada, lo que favorece un tipo de vida sedentario. Los hijos de la gente rica son especialmente propensos a esto. No fueron ellos los que desarrollaron la disciplina y el carácter que creó la riqueza en primera instancia, por lo que es comprensible que no la valoren de la misma forma, o que no sepan qué deben hacer para conservarla. Con frecuencia vemos esta mentalidad de derechos adquiridos en los jóvenes de la realeza, en los hijos de las estrellas de cine o de directores ejecutivos, y en menor medida, en niños y adultos de cualquier parte.

Como nación, parece que nuestra sociedad ya no aprecia el valor de una sólida ética laboral. En Estados Unidos hemos tenido dos, si no tres generaciones de americanos que han conocido una gran prosperidad, riqueza y una vida acomodada. Los valores que realmente se necesitan para alcanzar el éxito duradero, como el coraje, el esfuerzo y la firmeza, no nos resultan demasiado atractivos y por consiguiente nos hemos ido olvidando de ellos. Hemos perdido el respeto por todo lo que lucharon nuestros antepasados. Ese enorme esfuerzo que se impusieron les inculcó disciplina, formó su personalidad y alimentó su espíritu para enfrentarse a nuevos retos.

Lo cierto es que la autocomplacencia ha afectado a todos los grandes imperios, incluyendo a los egipcios, los griegos, los romanos, los españoles, los portugueses, los franceses y los británicos. Pero, ¿por qué? Porque nada fracasa más que el propio éxito. Imperios que dominaron, fracasaron por este motivo. El ser humano triunfa hasta llegar a un cierto nivel y luego se relaja.

Cuando disfrutamos de períodos largos de prosperidad, salud y riqueza, nos sentimos satisfechos con nosotros mismos. Dejamos de hacer lo que nos sirvió para llegar hasta donde estamos. Somos como una rana, sumergida en agua hirviendo, que no salta para liberarse porque la temperatura aumenta de forma tan gradual y engañosa que no se da cuenta de que la están cocinando.

Si queremos triunfar debemos recuperar la ética laboral de nuestros antepasados.

Es hora de restaurar nuestro carácter para lograr éxito y logros personales. No se crea el cuento del genio y la lámpara. Si lo desea, puede sentarse en el sofá, esperando a que su buzón se llene de cheques, o frotar bolas de cristal, caminar sobre fuego, repetir afirmaciones como mantras, pero la mayor parte de estas prácticas no son más que engaños comerciales que le manipulan aprovechándose de sus debilidades. El éxito real y duradero requiere esfuerzo, ¡y mucho!

Voy a contar una breve historia para ilustrar el concepto de "nada fracasa como el propio éxito". Cerca de mi casa en la playa de San Diego abrieron un gran restaurante. Al principio, el establecimiento estaba siempre impecable, la anfitriona recibía a todo el mundo con una amplia sonrisa de bienvenida, el servicio era excelente (el encargado se acercaba para asegurarse de que así fuera) y la comida era sensacional. En poco tiempo, la clientela hacía cola para comer allí y a menudo esperaba más de una hora antes de sentarse a la mesa.

Por desgracia, el personal del restaurante no supo valorar el éxito. La anfitriona se volvió muy estirada, el servicio descuidado y descortés, y la calidad de la comida era como la lotería. El negocio cerró a los dieciocho meses. Su éxito fue el motivo de su fracaso. O mejor dicho, fracasaron porque dejaron de hacer lo que les había ayudado a triunfar. El éxito les nubló la perspectiva y se durmieron en los laureles.

Mentalidad de microondas

Cuando entienda el concepto del efecto compuesto se librará de la idea de que los "resultados son instantáneos", de que el éxito es como la comida rápida, las gafas listas en una hora, las fotos reveladas en treinta minutos, el correo de la noche a la mañana, los huevos cocinados en un microondas, el agua hirviendo en segundos o como enviar mensajes de texto. Ya basta, ¿de acuerdo?

Prométase a sí mismo que va a olvidarse de una vez por todas de sus esperanzas de ganar la lotería, porque admítalo, sólo se habla de un ganador, pero hay millones de perdedores. Esa misma persona que salta de alegría delante de una máquina tragaperras en Las Vegas o en un, hipódromo ¿cuántas veces ha perdido antes? Si retomamos la posibilidad matemática de un resultado positivo, de nuevo, el error de redondeo es cero, es decir, la posibilidad de ganar es cero. El psicólogo de Harvard Daniel Gilbert, autor de *Stumbling on Happiness* (*Tropezar con la felicidad*), afirma que si a cada perdedor de la lotería se le asignaran treinta segundos en la tele para anunciar que no ganó, tardaríamos nueve años en verlos a todos, y eso sería para un solo sorteo.

Cuando entienda cómo funciona el efecto compuesto, no anhelará una solución rápida o una fórmula mágica. No se engañe, ese atleta de élite que ha conseguido tantos triunfos ha realizado regularmente ejercicios durísimos y dedica miles de horas a su entrenamiento. Se ha levantado siempre temprano para entrenar y aún seguía entrenando cuando los demás habían dejado de hacerlo. Se ha enfrentado al sufrimiento y a la frustración ante el fracaso, ha conocido la soledad, el duro esfuerzo y la decepción antes de convertirse en número 1.

Cuando llegue al final del libro, o incluso antes, quiero que le quede muy claro que el único camino hacia el éxito es la práctica continuada de una serie de actividades diarias, rutinarias, nada atractivas ni emocionantes, a veces difíciles, acumuladas durante un cierto período de tiempo. Sepa también que los resultados, la existencia y el estilo de vida de sus sueños están a su alcance cuando pone en práctica el efecto compuesto. Si utiliza los principios descritos en *El efecto compuesto*, usted mismo creará su propio final feliz, como en los cuentos de hadas. Vea la imagen 2.

Fig. 2

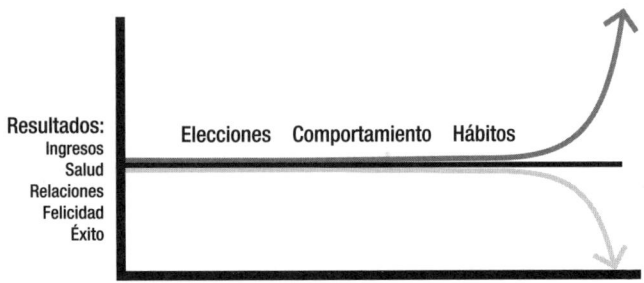

El efecto compuesto siempre está funcionando. Puede decidir que funcione a su favor o puede ignorarlo y sufrir sus consecuencias negativas. No importa dónde se encuentra usted ahora en este gráfico. A partir de hoy mismo puede empezar a introducir pequeños cambios positivos en su vida y dejar que el efecto compuesto le lleve hacia donde desea llegar.

¿Lo he dejado claro? Estupendo. Pasemos al siguiente capítulo, donde nos centraremos en aquello que controla su vida. Cada victoria o derrota, triunfo o fracaso dependen de ello. Es la causa de todo lo que tiene o no tiene en su vida ahora mismo. Aprenda a cambiarlo y podrá cambiar su vida. Vamos a descubrir qué es.

Cómo beneficiarse del efecto compuesto

Resumen de acciones para practicar

↗ Escriba una lista de excusas a las que se aferra (p.ej. no soy suficientemente inteligente, no tengo experiencia, no me educaron bien, no tengo estudios, etc.). Decida compensarlo con esfuerzo y desarrollo personal para superar a cualquiera, (incluido su antiguo 'yo').

↗ Sea como Santiago: escriba los seis pasos que pueda poner en práctica todos los días, acciones sin importancia que pueden cambiar el rumbo de su vida hacia algo completamente nuevo y positivo.

↗ No sea como Bruno: escriba las acciones, que aparentemente no son importantes, que puede dejar de hacer y que pueden estar acumulando efectos negativos en su vida.

↗ Escriba una lista de ámbitos, habilidades, o resultados en los que haya podido destacar en el pasado. Analice si no está dando por hecho que tiene capacidades pero no está haciendo nada por mejorar, con lo cual corre el peligro de caer en esa autocomplacencia que al final conduce al fracaso.

CAPÍTULO 2

ELECCIONES

Todos somos iguales cuando nacemos: llegamos al mundo desnudos, asustados e ignorantes. Tras una entrada triunfal, la vida de cada uno acaba siendo el resultado de sus elecciones. Estas decisiones son a la vez nuestro mejor amigo y el peor enemigo. Pueden conducirnos a las metas deseadas, o desviarnos hasta la órbita de una lejana galaxia.

Piénselo. Todo lo que hay en su vida existe porque usted primero tomó una decisión acerca de algo. El origen de cada resultado se remonta a una elección. Cada decisión desencadena un comportamiento que con el tiempo se convierte en una costumbre. Una mala elección puede resultar en una vuelta a empezar, donde uno se ve forzado a elegir de nuevo y a menudo es más difícil que antes. Si no elige en absoluto, entonces decide ser un receptor pasivo de lo que pueda presentarse en su camino.

Fundamentalmente, cuando elegimos nuestras elecciones nos definen. Cada decisión que tomamos, por muy ligera que sea, cambia la trayectoria de nuestra vida: seguir o no seguir estudios superiores, la persona con quién nos casamos, tomar esa última copa antes de coger el coche, contribuir al cotilleo o permanecer callado, realizar otra llamada a un cliente potencial o dejarlo por hoy, decir o no decir "te quiero". Cada elección influye en el efecto compuesto de su vida.

Este capítulo trata sobre cómo tomar conciencia de las elecciones que sustentan el desarrollo de su vida. Parece complicado pero le sorprenderá lo sencillo que es. El 99% de sus elecciones ya no se realizará de forma inconsciente. La mayoría de sus tareas rutinarias y cotidianas dejarán de ser meras reacciones mecánicas. Se preguntará, (y obtendrá una respuesta): ¿cuántas veces mi comportamiento no es el que yo he decidido? ¿Qué cosas hago sin haberlas elegido conscientemente y aún sigo haciendo todos los días?

Si utiliza los mismos métodos a prueba de tontos que he utilizado yo para impulsar mi vida y carrera profesional, reforzados por el efecto compuesto, podrá minimizar ese misterioso control que parecen ejercer en su vida los acontecimientos que le suceden y que le arrastran en la dirección equivocada. Podrá pulsar el botón de pausa antes de entrar a trompicones en ese territorio de descerebrados. Podrá sentir la facilidad con que toma decisiones que le conducen a comportamientos y hábitos que le respaldan en todo momento.

Su mayor error no es haber realizado intencionadamente malas elecciones. ¡Ni hablar! Eso sería fácil de arreglar. Su mayor equivocación ha sido haber elegido como lo haría un sonámbulo. La mitad de las veces usted ni siquiera es consciente de que está eligiendo un camino. Nuestras elecciones suelen estar determinadas por nuestra cultura y educación. Pueden estar tan estrechamente vinculadas a su comportamiento y hábitos cotidianos que parecen escapar a nuestro control. Por ejemplo, ¿le ha ocurrido alguna vez eso de estar disfrutando de sus cosas y de la vida tranquilamente, cuando de repente una decisión estúpida, o varias pequeñas malas elecciones destruyen su arduo trabajo, su buen momento, y todo sin razón aparente? Su intención no era destruirse a sí mismo, pero al tomar decisiones sin pensar, sin sopesar los riesgos y resultados posibles, se encontró frente a consecuencias inesperadas. Nadie quiere ser obeso, acabar en la bancarrota o divorciarse, pero a menudo, o casi siempre, estas consecuencias son el resultado de una serie de pequeñas decisiones desafortunadas.

Los elefantes no pican

¿Le ha picado alguna vez un elefante? ¿Y un mosquito? Son las insignificancias de la vida las que pueden dañarnos. Alguna que otra vez, presenciamos grandes errores que amenazan con destruir en un instante la carrera profesional o la reputación de una persona: un conocido humorista que suelta una diatriba de comentarios racistas en una de sus actuaciones; el personaje que va de humanitario y que, con una copa de más, manifiesta su antisemitismo; el senador, en contra de los derechos de los homosexuales, al que pillan en un urinario público buscando sexo con hombres; la admirada tenista que, inusitadamente, amenaza a un juez de línea con una sarta de palabrotas. Claramente, estos comportamientos son fruto de elecciones desafortunadas con repercusiones serias. Incluso si usted cometió un error tan garrafal en el pasado, lo que nos interesa ahora no es el enorme retroceso que representa, ni tampoco ese dramático momento puntual.

Para la mayoría de nosotros, son las pequeñas elecciones frecuentes y aparentemente insignificantes las que deben preocuparnos seriamente. Me refiero a esas decisiones que cree que no cuentan. Son las pequeñeces las que de forma inevitable y previsible, le desvían del éxito. Tanto si son tácticas estúpidas, comportamientos despreocupados o acciones disfrazadas de decisiones positivas (quizás las más perniciosas), estas elecciones, al parecer sin importancia, son las que pueden desviarle por completo de su camino, porque no se para a pensar en ellas. Entonces usted se abruma, se desorienta y no es consciente de las pequeñas acciones que le desvían de su camino. El efecto compuesto funciona, no hay duda. Siempre funciona, ¿recuerda? Pero en este caso funciona en su contra porque lo que usted hace es... caminar como un sonámbulo.

Por ejemplo, acaba de ingerir a toda prisa un refresco y una bolsa de patatas fritas cuando de repente, justo cuando se ha zampado la última patata, se da cuenta de que ha estropeado todo un día de dieta sana, y encima ni siquiera tenía hambre. O se encuentra absorto en sus pensamientos y pasa dos horas viendo televisión basura (rectifiquemos, no le quitemos mérito, estaba viendo un documental instructivo) hasta que se acuerda de que debería estar preparando una presentación muy importante para conseguir un preciado cliente. O miente a un ser querido sin motivo alguno, cuando era mejor decir la verdad. ¿Qué es lo que está pasando?

Lo que sucede es que se ha permitido elegir sin pensar. Así, mientras siga tomando decisiones de manera involuntaria, no podrá elegir conscientemente cambiar ese comportamiento tan ineficaz para convertirlo en hábitos productivos. Es hora de DESPERTAR y de tomar decisiones que le proporcionen más control sobre su vida.

Navidades todo el año

Es muy cómodo echarle la culpa a los demás, ¿verdad? "No progreso porque mi jefe es un apático", "habría conseguido el ascenso si mi compañero no me hubiera dado una puñalada trapera", "estoy siempre de mal humor porque mis hijos me vuelven loco". Pero sobre todo, tenemos un talento especial para echarle la culpa a nuestra pareja en cuanto pisamos el terreno del amor, ya sabe, donde siempre es el "otro" el que debe cambiar.

Hace unos años, uno de mis amigos se quejaba de su mujer. Desde mi punto de vista, ella era una señora estupenda y mi amigo era un hombre afortunado de tenerla. Así se lo dije, pero él seguía insistiendo en que ella era la responsable de su infelicidad. En ese momento compartí con él una experiencia que había cambiado mi matrimonio. Uno año por Navidad, decidí empezar un diario para mi mujer. Todos los días, durante un año entero, anoté al menos una cualidad suya que yo valoraba: la forma de relacionarse con sus amigos, cómo cuidaba a los perros, cómo dejaba la cama recién hecha, una deliciosa comida preparada de improviso, el peinado tan bonito que llevaba ese día… Lo que fuera. Buscaba las cosas que mi mujer hacía y que me enternecían o que revelaban atributos, características o cualidades que yo valoraba en ella. Anoté todo en secreto durante un año entero, y al cabo de doce meses había llenado todo el cuaderno.

Cuando se lo entregué por Navidad al año siguiente, se puso a llorar. Me dijo que era el mejor regalo que había recibido en su vida, incluso mejor que el BMW que le había regalado por su cumpleaños. Lo curioso fue que aquel regalo me afectó a mí todavía más que a ella. Mantener el diario cada día me obligó a centrarme en los aspectos positivos de mi mujer. De forma consciente estaba buscando todo lo que ella hacía bien. Esta atención tan sincera por lo positivo me hizo pasar por alto otras cosas de las que, en otras circunstancias, me hubiera quejado. Me enamoré perdidamente de ella otra vez, incluso más que antes, pues ahora podía ver sutilezas de su carácter y comportamiento, en lugar de las cualidades más obvias. Mi aprecio, gratitud y la intención de buscar lo mejor que había en ella es lo que guiaba mis ojos y corazón cada día. Me motivó a ser un marido diferente, lo cual estimuló en ella una reacción distinta hacia mí. Inmediatamente, surgieron más cosas para anotar en el diario de Navidad. El resultado de haber elegido esos escasos 5 minutos diarios para documentar los motivos por los que le estaba agradecido a mi mujer fue que tuvimos uno de los mejores años de nuestro matrimonio, y a raíz de aquello no ha dejado de mejorar.

Después de compartir mi experiencia, mi amigo decidió empezar un diario de Navidad sobre su mujer. En unos pocos meses, su matrimonio cambió completamente. La decisión de buscar y centrarse en las cualidades positivas de su mujer cambió la imagen que tenía de ella y también la relación entre ellos. A su vez, ella reaccionó ante esos cambios con elecciones diferentes hacia él. El ciclo se perpetuó, o digamos que se *acumuló.*

 Utilice la hoja Evaluación de gratitud (Gratitude Assessment sheet) al final del libro para reafirmar su actitud positiva. También puede descargarla en www.TheCompoundEffect.com/free.

Responsabilidad al 100 %

Todos hemos llegado donde estamos por nosotros mismos, hombres y mujeres, pero sólo los que triunfan se llevan el mérito. Cuando tenía dieciocho años asistí a un seminario donde me introdujeron a la noción de responsabilidad personal, lo cual transformó mi vida completamente. Si usted decidiera tirar a la basura el resto del libro y practicara sólo este principio, en dos o tres años los cambios en su vida serían tan palpables que su familia y amigos apenas podrían recordar su antiguo "yo".

En el seminario al que asistí entonces, el ponente preguntó: "¿qué porcentaje de responsabilidad compartida es necesario para que una relación funcione?" Por entonces yo era un adolescente, un experto en asuntos de amor verdadero. Por supuesto sabía todas las respuestas.

Dije: "cincuenta/cincuenta". Era obvio, ambas partes deben estar dispuestas a compartir la responsabilidad equitativamente y si no es así, a una de ellas la están timando.

Otro gritó: "cincuenta y uno/cuarenta y nueve". Su razonamiento era que debes estar dispuesto a dar más que la otra persona. ¿Acaso no son el sacrificio y la generosidad los cimientos de una relación?

"Ochenta/veinte", gritó otro.

El profesor se volvió hacia la pizarra y escribió en letras negras bien grandes: cien/cero. Nos dijo: "tenéis que estar dispuestos a daros al 100% sin esperar nada a cambio". Y añadió: "una relación funcionará sólo cuando estemos dispuestos a asumir el 100% de la responsabilidad para que así sea. Las relaciones que se dejan al azar están siempre expuestas al desastre."

¡Vaya con la respuesta! ¡No era lo que me esperaba! Sin embargo, comprendí inmediatamente que este concepto podría transformar todos los aspectos de mi vida. Si asumía siempre el 100% de la responsabilidad en todo lo que me pasaba, siendo dueño absoluto de mis elecciones y de la forma de reaccionar ante todo lo que me sucediera, yo tendría el poder en mis manos. Todo dependía de mí. Yo era el responsable de todo lo que hiciera o no hiciera y de la forma de responder ante lo que otros me hicieran a mí.

Uno cree que asume responsabilidades en su vida. Todavía no he encontrado a nadie que diga lo contrario. Sin embargo, cuando te fijas en cómo actúa la gente, descubres que muchas veces las personas van de víctimas y culpan a los demás, y esperan que el gobierno u otras personas resuelvan sus problemas. Si alguna vez ha culpado al tráfico de un retraso o atribuido su mal humor a una acción de su hijo, pareja o colega del trabajo, quiere decir que no está asumiendo su responsabilidad personal al 100%. ¿Llegó tarde porque había cola en la impresora? ¿Por qué esperó hasta el último momento? ¿Su compañero desordenó la presentación? ¿Por qué no la revisó usted mismo antes de exponerla? ¿Hay fricción con ese hijo adolescente en edad difícil? Hay un montón de libros y cursos excelentes para informarse y saber cómo tratar el problema.

Nosotros mismos somos los únicos responsables de lo que hacemos o no hacemos, y de la manera en que afrontamos lo que nos ocurre. Esta forma de pensar revolucionó mi vida. La suerte, las circunstancias o una situación favorable no era lo que importaba. Si tenía que suceder algo, sería porque yo lo había decidido. Podía hacer lo que quisiera. Yo tenía el control de mí mismo al 100%, independientemente del presidente que saliera elegido, del mal estado de la economía o de lo que otros dijeran, hicieran o no hicieran. Cuando decidí liberarme oficialmente del victimismo pasado, presente y futuro, fue como si me hubiera tocado el gordo de la lotería. Conseguí un poder sin límites para controlar mi destino.

Tener suerte

Quizás usted crea que no tiene suerte. En realidad no es más que otra excusa. La diferencia entre riqueza extrema, felicidad y salud frente a penuria, depresión y enfermedad se debe a las decisiones tomadas en nuestra vida. No hay nada que influya más que eso. Hablemos de la suerte: todos la tenemos. Ante una adversidad, si tenemos salud y comida en la despensa, podemos considerarnos increíblemente afortunados. Todo el mundo tiene la oportunidad de tener "suerte", porque aparte de tener salud y un sustento básico, el resto se reduce a una serie de elecciones personales.

Cuando le pregunté a Richard Branson (el magnate inglés dueño de la marca 'Virgin') si creía que su éxito se debía a la suerte, me respondió: "sí, claro, todos tenemos suerte. Si vives en un país libre tienes suerte. La suerte nos ronda todos los días. Constantemente nos suceden cosas afortunadas, aunque no nos demos cuenta. No he tenido más o menos suerte que otra persona. La diferencia reside en la forma en que la aproveché cuando se puso de mi lado".

¡Ah! ¡Qué palabras más sabias! Mientras seguimos con el tema de la suerte, debo decir que en mi opinión, el conocido dicho "la suerte llega cuando preparación y oportunidad se encuentran" no es suficiente. Yo creo que "la suerte" tiene otros dos componentes decisivos.

Fórmula (completa) para tener suerte:

Preparación (desarrollo personal) +
Actitud (creencia/modo de pensar) +
Oportunidad (situación favorable que se presenta en su vida) +
Acción (Intervenir en esa situación) =
Suerte

Preparación: mediante un desarrollo personal sistemático: habilidades, conocimientos, competencia, relaciones y recursos, tendrá a su disposición los medios para aprovechar las grandes oportunidades cuando surjan (es decir, cuando se presente "el golpe" de suerte). Podrá decir lo mismo que Arnold Palmer durante una entrevista para la revista *SUCCESS*: "es curioso, cuanto más practico, más suerte tengo".

Actitud: es aquí donde la suerte suele eludir a la mayor parte de las personas, y donde Sir Richard está totalmente en lo cierto al decir que la suerte siempre nos rodea. Es cuestión de ver situaciones, conversaciones y circunstancias como fortuitas. No se puede ver lo que no se busca y no se busca aquello en lo que no se cree.

Oportunidad: usted puede crear su propia suerte, pero la suerte a la que me refiero aquí no está programada, o se presenta con más rapidez o de manera diferente a la esperada. En esta fase de la fórmula, la suerte no llega forzada, sino que sucede como un acontecimiento natural y a menudo aparece por impulso propio.

Acción: aquí es donde le toca intervenir. Independientemente de dónde le venga esa suerte (el universo, Dios, amuletos o cualquier persona u objeto que usted asocie con la suerte), ahora es el momento de actuar. Ésa es la diferencia entre Richard Branson y José Arona. ¿José qué? ¡Exactamente! Nunca ha oído hablar de él, porque esta persona nunca actuó cuando se le presentó una situación favorable.

Por lo tanto, deje de quejarse de su situación, de los fracasos sufridos u otras circunstancias. Muchísimas personas se enfrentan a obstáculos y desventajas mayores y aún así consiguen ser ricos y sentirse realizados. La suerte distribuye igualdad de oportunidades y sonríe a todo el mundo. En lugar de esconderse de ella debe ponerse a su alcance. Cuando nos llega una oportunidad, el resto depende de nosotros, no hay otra opción.

El elevado precio del aprendizaje en la escuela de la vida

Hace diez años más o menos, me pidieron ser socio de una empresa que estaba empezando. Invertí una suma considerable en el negocio y trabajé sin descanso casi dos años, hasta que me enteré de que mi socio había derrochado y administrado pésimamente el dinero. Perdí más de 330.000 dólares. No le demandé, de hecho, le presté más dinero posteriormente para un asunto personal. La cuestión es que la pérdida del dinero fue culpa mía. Acepté ser su socio sin informarme antes acerca de su pasado y su personalidad. Durante el tiempo que fuimos socios, yo no inspeccionaba lo que sí me temía. Puede justificarme diciendo que me fiaba de él, pero la realidad es que me sentía culpable por haber sido perezoso y no haber examinado las cuentas con más cuidado. Cuando decidí iniciar esta relación comercial, ya había decidido también ignorar varias señales de alarma que resultaban evidentes. Fui responsable del resultado final porque inicialmente elegí no ser completamente responsable de la empresa. Cuando me enteré de todo lo que había hecho, decidí no perder más tiempo peleando con él. En su lugar, encajé el golpe, aprendí la lección y continué con mi vida. En retrospectiva, volvería a tomar la misma decisión, para caerme y levantarme de nuevo para continuar.

Le reto a que haga lo mismo. Asuma la responsabilidad total de todo lo que le ocurra, ya sea bueno o malo, triunfo o fracaso. Admítala. Mi mentor, Jim Rohn, decía: " cuando asumes toda la responsabilidad de tus actos es cuando dejas de ser un niño y te conviertes en un adulto".

¡Hoy ha dejado de ser un niño! De ahora en adelante, elija ser responsable de su vida al 100%. Olvide las excusas. Acepte que sus decisiones le hacen ser más libre, siempre y cuando usted asuma la responsabilidad de haberlas tomado.

El arma secreta: su cuadro de resultados

Ahora voy a presentarle uno de los mejores métodos que he utilizado en mi desarrollo personal. Esta estrategia me ayuda a mantener el control sobre las decisiones que tomo durante el día, haciendo que todo lo demás encaje. Y esto hace que las acciones y comportamientos que guían mis costumbres se pongan en fila como leales subordinados conscientes de su deber.

Ahora mismo elija un aspecto de su vida en el que desea triunfar. ¿Quiere aumentar su cuenta bancaria? ¿Adelgazar?

¿Ponerse en forma para participar en un triatlón? ¿Mejorar la relación con su pareja e hijos? Visualice mentalmente la situación actual en la que se encuentra ahora en ese aspecto concreto. Y ahora imagine cómo desea que sea su nueva situación: tener más dinero, menos kilos, ser más feliz, lo que usted quiera. El primer paso hacia el cambio es tomar conciencia. Para cambiar la situación actual por la deseada debe empezar por ser consciente de las decisiones que le desviarán de su anhelado destino. Sea consciente de cada una de las decisiones que tome a partir de hoy, para así empezar a elegir mejor y avanzar.

Para ayudarle a ser consciente de sus decisiones, quiero que anote todas las acciones relacionadas con ese aspecto de su vida que desea mejorar. Si se trata de saldar deudas, anotará cada céntimo que gaste. Si quiere adelgazar, anote todo lo que coma. Si desea entrenarse para un evento de atletismo, anote cada paso que dé, cada sesión de ejercicios que haga. Lleve siempre encima un bolígrafo y una pequeña libreta de bolsillo. Tendrá que escribirlo todo. Todos los días. Sin excusas ni excepciones. Como si estuviera en Gran Hermano. Como si mi padre y yo fuéramos a castigarle con cien flexiones cada vez que no lo haga.

Ya sé que anotar cosas en un papelito no parece gran cosa. Sin embargo, una de las claves del éxito que he acumulado fue anotar cada avance y cada equivocación. El proceso te obliga a ser consciente de tus decisiones. Como diría Jim Rohn: " lo que es fácil de hacer es también fácil de no hacer". El truco no está en la complejidad de la tarea, sino en repetirla el tiempo suficiente para que aparezca el milagro del efecto compuesto. Cuidado con ignorar las cosas sencillas que hacen posible los grandes logros. La diferencia entre las personas que triunfan y las que fracasan es que las primeras están dispuestas a hacer lo que las otras no quieren hacer. Recuérdelo, porque le será de gran utilidad en la vida cuando se enfrente a una elección difícil y tediosa.

La trampa del dinero

Aprendí la importancia de anotarlo todo cuando cometí errores descomunales en mis finanzas. Cuando tenía veintipocos años y estaba amasando una fortuna con la venta inmobiliaria, fui a ver a mi contable.

Me dijo: "Debes más de 100.000 dólares de impuestos".

"¿Qué? respondí. "No tengo tanto dinero en efectivo".

"¿Cómo que no? me dijo sorprendido. "Cobraste esa cantidad varias veces, seguro que apartaste algo para los impuestos.

"Es obvio que no", le contesté.

"¿Y en qué te lo gastaste?", me preguntó.

"No tengo ni idea", respondí. Esta confesión fue aleccionadora, desde luego. El dinero se me había escurrido entre las manos y ni siquiera me había dando cuenta.

Entonces mi contable me hizo un favor enorme.

Se quedó mirándome fijamente y me dijo: "hijo, tienes que controlarte. Ya he visto esto cientos de veces. Estás gastando dinero como si creciera de los árboles y ni siquiera sabes en qué. Eso es ser idiota. Detente. Estás endeudado hasta las cejas. Tienes que ganar más dinero que la deuda de impuestos adicionales, y eso sólo para pagar los impuestos atrasados. Si sigues así, cavarás tu propia tumba financiera. "

Lo entendí al instante.

El contable me pidió que hiciera lo siguiente: durante treinta días, llevaría una libretita en el bolsillo para anotar cada céntimo que gastara. Todo tenía que registrarse en la libreta, tanto si eran mil dólares para un traje nuevo como cincuenta centavos para poner aire en las ruedas. Este ejercicio hizo que de forma instantánea fuera consciente de muchas decisiones tomadas a la ligera por las cuales el dinero se me iba de las manos. Como tenía que anotarlo todo, llegué a dejar de comprar ciertas cosas, sólo por no sacar la maldita libreta y tener que escribirlo.

Registrar mis gastos así durante treinta días despertó en mí una nueva conciencia y creó una serie de elecciones y disciplinas completamente nuevas para controlar mis gastos. Como la conciencia y el comportamiento positivo se acumulan, me volví más competente: reservé dinero para la jubilación, descubrí el ahorro en ámbitos donde antes despilfarraba y disfruté del dinero que me sobraba incluso más que antes. Eso sí, cuando por fin me decidía salir de marcha era porque hacía tiempo que no lo hacía.

Este ejercicio cambió la percepción de mi relación con el dinero. Funcionó tan bien que lo he aplicado para cambiar otros comportamientos. La anotación es el modelo de transformación para todo lo que me aqueja. A lo largo de los años he anotado lo que como y bebo, la cantidad de ejercicio que hago, el tiempo que paso perfeccionando una habilidad, el número de llamadas de ventas, incluso la evolución de la relación con mi familia, amigos y esposa. Los resultados no han sido menos profundos que los obtenidos al anotar mis gastos.

Al comprar este libro, usted me está pagando por darle mi opinión y mis consejos. En este sentido voy a ser muy exigente e insisto en que anote su comportamiento durante al menos una semana. Este libro no está pensado para entretenerle, sino para ayudarle a conseguir resultados, y para lograr resultados tiene que actuar.

Probablemente ya le hayan hablado de la técnica de anotación anteriormente. De hecho, seguro que alguna vez ha puesto en práctica su versión particular del ejercicio. Pero apuesto a que ahora mismo no lo está haciendo, ¿me equivoco? ¿Y por qué lo sé? *Porque su vida no está siendo todo lo exitosa que usted desearía que fuera.* Se ha desviado del camino y anotar es la técnica que usted necesita para encarrilar su vida de nuevo.

¿Sabe cómo ganan tanto dinero los casinos de Las Vegas? Porque controlan las mesas y los ganadores continuamente. ¿Por qué los entrenadores olímpicos ganan un sueldo millonario? Porque controlan cada sesión de entrenamiento, cada caloría, y cada micro nutriente de los atletas a su cargo. Los ganadores lo controlan todo. Ahora mismo quiero que usted anote su vida con el mismo propósito: acercar sus metas, hacerlas visibles.

La técnica de anotación es un ejercicio muy sencillo. Funciona porque en cada momento le hace tomar conciencia de las acciones que realiza en el aspecto de su vida que desea mejorar. Se sorprenderá de lo que descubrirá en su propio comportamiento. No puede controlar o mejorar algo si no lo mide primero. De igual manera, no puede sacar lo mejor de sí mismo (talentos, recursos y aptitudes) si antes no es consciente y responsable de sus acciones. Los atletas profesionales y sus entrenadores controlan el rendimiento hasta el mínimo detalle. Los lanzadores de béisbol conocen las estadísticas de cada uno de sus lanzamientos. Los golfistas disponen de números aún más precisos en sus golpes. Los atletas profesionales saben cómo ajustar su rendimiento basándose en lo que han anotado. Prestan atención a sus registros e introducen los cambios necesarios, porque saben que si sus estadísticas mejoran, ganarán más y conseguirán más dinero con contratos para anunciar productos.

Quiero que sepa exactamente si lo está haciendo bien, en todo momento. Quiero que se controle como si fuera un producto preciado. En realidad usted lo es. ¿Quiere ese sistema tan simple del que hablamos antes? Es éste. Por consiguiente, tanto si piensa que es consciente de sus hábitos como si no (créame, no lo es), le pido que empiece a anotar. Revolucionará su vida y su forma de vivir.

Despacito y buena letra

¡Calma! Vamos a empezar con un ritmo alegre pero tranquilo. Anotaremos una costumbre durante una semana. Escoja la que ejerce más control sobre usted, ese será su punto de partida. Cuando empiece a disfrutar de las ventajas del efecto compuesto, usted mismo querrá introducir esta práctica en otros aspectos de su vida. En otras palabras su elección será elegir la técnica de la anotación.

Imaginemos que la categoría que ha elegido es controlar lo que come porque quiere adelgazar. Su tarea será anotar todo lo que se lleve a la boca: el filete, las patatas y la ensalada de la comida y todo lo que pique durante el día: los saladitos de la oficina, el queso extra del bocadillo, las golosinas, la degustación del supermercado, los sorbos extra de vino, cuando el anfitrión le rellenó la copa. No se olvide de las bebidas. Todo cuenta, pero si no lo anota, es fácil olvidarlo o pasarlo por alto porque parecen pequeñeces. Escribir estas cosas parece sencillo, y lo es, PERO SÓLO CUANDO SE HACE. Por eso insisto en que se comprometa a elegir una categoría y una fecha para empezar ahora mismo, antes de pasar esta página.

Voy a empezar a anotar _____ **el** _____.

[día/mes/año]

¿Cómo será la anotación? Será meticulosa en el sentido de organizada. Incesante en el sentido de constante. Cada día escribirá la fecha al principio de la página y empezará sus anotaciones. ¿Qué ocurre después de una semana de anotaciones? Probablemente se llevará una gran impresión. Se asombrará de la cantidad de calorías, dinero y tiempo que le pasan inadvertidos. No tenía ni idea de que existían y mucho menos que desaparecieron.

Siga así, continúe anotando ese mismo aspecto de su vida durante tres semanas. Quizás ya está refunfuñando porque no quiere hacerlo. Pero confíe en mí, se sorprenderá tanto con los resultados tan sólo después de una semana que querrá continuar dos más. Casi puedo garantizárselo.

¿Y por qué tres semanas? Los psicólogos afirman que las costumbres necesitan tres semanas de práctica para establecerse como tales. No es una ciencia exacta pero es un punto de referencia y ha funcionado para mí. Por lo tanto, quiero que siga con la anotación de sus comportamientos en el ámbito elegido durante veintiún días. Si se niega a hacerlo, yo no pierdo nada, al fin y al cabo no se trata de mi peso, ni de mi salud cardiovascular, ni de mi saldo bancario o mis relaciones personales. Pero, si está leyendo este libro es porque quiere cambiar su vida, ¿no? Yo le advertí que iba a suponer un esfuerzo constante y monótono, ¿verdad? Esta tarea no es fácil pero es factible, así que hágala.

Propóngase empezar hoy mismo. Durante las próximas tres semanas lleve consigo una libreta pequeña (o una grande, si le resulta más tentador) y escriba en ella todo lo relacionado con la categoría que haya elegido.

¿Qué ocurrirá dentro de tres semanas? De la impresión inicial tras la primera semana pasará a una grata sorpresa

Fig. 3

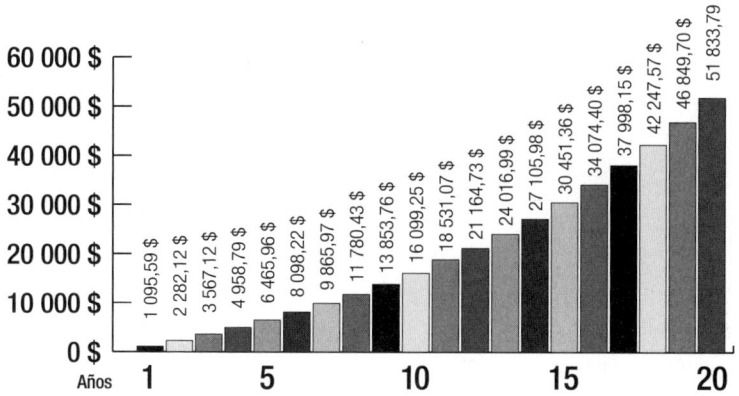

El hábito diario de un café de cuatro dólares supone un coste real de 51.833,79 $ después de 20 años. Éste es el poder del efecto compuesto

al ver cómo el mero hecho de tomar conciencia de sus acciones empieza a moldearlas. Se planteará preguntas como: "¿realmente quiero esa chocolatina? Voy a tener que sacar la libreta y escribirlo y me va a dar vergüenza". Ahí mismo habrá evitado más de doscientas calorías. Si rechaza la chocolatina todos los días, en poco más de dos semanas habrá perdido casi medio kilo. Empezará a sumar los 4 dólares que se gasta en el café de camino al trabajo, y se dará cuenta de que gasta 60 dólares en cafés en tres semanas, lo cual supone unos 1.000 dólares al año y acumulados en un período de veinte años, 51.833,79 dólares. ¿Necesita realmente comprar ese café? Vea la imagen 3.

Recapitulemos. ¿Estoy diciendo que un café de 4 dólares va a suponerle un gasto de 51.833,79 dólares en un período de veinte años? Sí, eso es lo que digo. ¿Sabía que cada dólar que gasta hoy, sin importar en qué, le cuesta el equivalente a cinco dólares en veinte años (y diez dólares en treinta años)? La explicación es que si cogemos un dólar y lo invertimos al 8%, en veinte años ese dólar valdrá casi cinco. Cada dólar gastado hoy es como gastar cinco de su futuro bolsillo.

Solía cometer el error de mirar las etiquetas de los precios y pensar que si un artículo marcaba un precio de cincuenta dólares me costaba cincuenta dólares. En cierto modo sí, en dólares actuales. Sin embargo, si considero el valor posible de esos cincuenta dólares, invertidos durante veinte años, el coste (lo que perdemos cuando gastamos dinero en lugar de invertirlo) es cuatro o cinco veces mayor. Dicho de otro modo, cada vez que un artículo nos cuesta cincuenta dólares tenemos que pensar: ¿esto vale 250 dólares?" Si para usted el valor del artículo es de 250 dólares de hoy, merece la pena comprarlo. Recuerde este razonamiento cada vez que vaya a grandes superficies, donde se encuentran todo tipo de artículos asombrosos que no sabía que necesitaba. Entra para comprar productos básicos que no valen más de veinticinco dólares y sale con una compra de cuatrocientos. Mi garaje parece el trastero de uno de estos establecimientos. La próxima vez que vaya a una de esas tiendas de oportunidades, evalúe las cosas con el criterio del valor futuro. Lo más probable es que no compre ese artilugio de hacer "crêpes" que cuesta cincuenta dólares, lo cual significa que su futuro 'yo' tendrá 250 dólares más en el banco. Elija sabiamente todos los días y todas las semanas durante muchos años y rápidamente verá cómo se enriquece.

Cuando anote todo con esta mentalidad, surgirá un 'yo' diferente en su vida. Se preguntará si comprar un café todos los días de la semana laboral merece gastarse el precio futuro de un Mercedes-Benz (porque eso es lo que le está costando). Además dejará de obrar involuntariamente como un sonámbulo. Ahora es más consciente y toma mejores decisiones. Y todo se lo deberá a una libretita y un bolígrafo. Sorprendente, ¿verdad?

El héroe invisible y no elogiado

Cuando empiece a anotar todos sus actos, centrará su atención en las cosas más insignificantes que hace bien y asimismo en las más insignificantes que hace mal. Cuando decida introducir en su rumbo correcciones mínimas pero constantes, con el tiempo empezará a ver resultados sorprendentes. Pero no espere que lo anuncien con trompetas. Cuando digo correcciones "mínimas" quiero decir verdaderamente imperceptibles. Probablemente nadie va a notarlas a corto plazo. No espere aplausos, tarjetas de felicitación o trofeos por mantener su constancia. Y sin embargo, al final el efecto compuesto resultará en un beneficio extraordinario. Son las disciplinas más insignificantes las que compensan con el tiempo, ese esfuerzo y preparación para el triunfo final que nadie percibió cuando estaban en marcha. Y aún así, los resultados son extraordinarios. Un caballo gana por unos centímetros pero recibe el dinero del premio multiplicado por diez. ¿Significa que es diez veces más rápido? No, simplemente es un poco mejor. Ese entrenamiento extra en la pista, la disciplina extra en la nutrición del caballo y el esfuerzo adicional del jinete es lo que contribuye a resultados ligeramente mejores con recompensas acumuladas.

Después de haber jugado cientos de torneos y haber anotado miles de golpes, la diferencia entre el golfista número 1 y el número 10 de la clasificación es solamente una media de 1,9 golpes, y sin embargo, la diferencia monetaria del premio se multiplica por cinco (10 millones de dólares frente a 2 millones de dólares). El golfista número 1 no es cinco veces mejor, ni siquiera un 50% o un 10% mejor. En realidad, la diferencia entre la puntuación media es sólo 2,7% mejor que la de su oponente, pero el resultado es cinco veces mayor. Vea la imagen 4.

Fig. 4

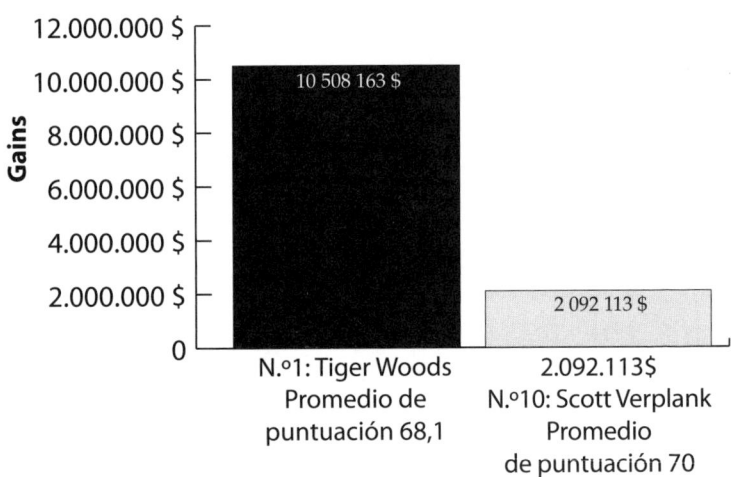

La diferencia entre el golfista número 1 y el número 10 de la clasificación es una media de 1,9 golpes, pero la diferencia monetaria del premio se multiplica por cinco. Éste es el poder del efecto compuesto.
[Fuente de información: Clasificación de FedEx Cup Ranking a mediados de diciembre de 2009]

Es el poder de las pequeñeces acumuladas. Las cosas grandes no se acumulan, son los cientos, miles o millones de pequeñeces lo que separa lo ordinario de lo extraordinario. Para un golfista, una diferencia de un golpe representa un montón de acciones menores, realizadas con anterioridad pero que no se mencionan cuando recibe el trofeo.

Deje que le muestre más ejemplos de pequeños cambios registrados que redundan en enormes recompensas.

Salga a dar un paseo

Fui el mentor de un director ejecutivo de una empresa importante, con unas ventas anuales superiores a 100 millones de dólares. Felipe era empresario y el fundador de la empresa. La empresa iba bien pero detecté falta de dedicación, confianza y entusiasmo en la cultura de la organización. No me sorprendió mucho; Felipe no había estado en algunas secciones del edificio desde hacía cinco años y no había hablado personalmente con más del 80% del personal. Básicamente vivía encerrado en una burbuja con su equipo de gestión. Le pedí que anotara un solo cambio: tres veces a la semana tendría que salir de su despacho y pasearse por el edificio. El objetivo era buscar al menos tres personas que estuvieran trabajando bien, o de las que hubiera oído algún elogio, y acercarse a ellas para expresar personalmente su agradecimiento. Este pequeño cambio le llevaba menos de una hora a la semana, pero con el tiempo tuvo repercusiones enormes. Los empleados a los que había expresado agradecimiento empezaron a esforzarse más y trabajar con más empeño para merecer mayor reconocimiento. Otros empleados empezaron a rendir mejor, pues observaron que la dirección reconocía y apreciaba el esfuerzo. La reacción en cadena de su nueva actitud se transfirió a la relación de la empresa con sus clientes. Como la experiencia de los clientes mejoró, no sólo mantuvieron los negocios existentes sino que les recomendaron para otros nuevos, haciendo que todos se sintieran más orgullosos de trabajar allí. Un cambio tan sencillo en un período de dieciocho meses dio un giro de 180 grados a la cultura de la empresa. Los beneficios netos aumentaron más de un 30% durante ese tiempo, con el mismo personal y sin inversión adicional en marketing. Y todo porque Felipe se comprometió a una pequeña tarea, a primera vista insignificante, realizada sistemáticamente durante un período de tiempo.

El árbol del dinero

Hace doce años tuve una ayudante magnífica, Carolina. En aquel tiempo ganaba unos 40.000 dólares al año. En una de mis conferencias sobre cómo fomentar espíritu de empresa y riqueza, su tarea era encargarse de la mesa de inscripciones, situada al fondo de la sala. La semana siguiente vino a mi despacho y me dijo: "te oí hablar sobre ahorrar el 10% de todo lo que ganas. Suena bien, pero es imposible. No es nada realista" y siguió hablando de sus facturas y obligaciones financieras. Lo anotó todo y resultó evidente que no le quedaba dinero a fin de mes. Me dijo: "necesito un aumento de sueldo".

"Tengo una idea mejor", le contesté. "Voy a enseñarte cómo puedes llegar a ser rica". No era la respuesta que ella quería oír pero aceptó.

Le enseñé la técnica de anotación de gastos y empezó a llevar consigo la libreta. Le aconsejé que abriera una cuenta de ahorro con sólo 33 dólares (un 1% de sus ingresos mensuales.

Le mostré cómo podía vivir con 33 dólares menos el mes siguiente: tendría que traerse la comida una vez a la semana en lugar de bajar a la cafetería y comprar un bocadillo, patatas fritas y una bebida. El mes siguiente hice que ahorrara el 2% (es decir 67 dólares). Para ahorrar los 33 dólares adicionales cambió el contrato de la televisión por cable. El siguiente mes aumentamos a un 3%. Para compensar canceló la suscripción de la revista *'People'* (ya era hora de que estudiara su propia vida), y en lugar de comprarse un café en la cafetería Starbucks dos veces a la semana, le dije que comprara el café en grano marca Starbucks junto con otros complementos sofisticados y que preparara el café en la oficina. Llegó a preferirlo, y yo también.

Al final del año, Carolina ahorraba el 10% de cada dólar que ganaba, sin notar cambios importantes en su estilo de vida. Le parecía asombroso que una sola disciplina tuviera una reacción en cadena en otras disciplinas de su vida. Calculó lo que gastaba en entretenimientos que no estimulaban su mente y decidió invertir ese dinero en desarrollo personal. Después de dedicar cientos de horas a contenido instructivo e inspirador, su creatividad se disparó. Me expuso varias ideas sobre cómo podríamos ganar y ahorrar más dinero en nuestra empresa. Me presentó un plan que implementaría en su tiempo libre, si le prometía una recompensa del 10% de todas las estrategias de ahorro y el 15% de las nuevas estrategias de ingresos que resultaran rentables. Al final del segundo año ganaba más de 100.000 dólares (con el mismo salario base de 40.000 dólares). Posteriormente, Carolina creó una empresa independiente de servicios que triunfó. Hace dos años me la encontré en el aeropuerto. Ahora gana más de un cuarto de millón de dólares

Fig. 5

EL PODER DEL EFECTO COMPUESTO					
AMIGO			**USTED**		
Edad	Año	Saldo de fin	Edad	Año	Saldo de fin
23	1	$3.112,48	23	1	0
24	2	$6.483,30	24	2	0
25	3	$10.133,89	25	3	0
26	4	$14.087,48	26	4	0
27	5	$18.369,21	27	5	0
28	6	$23.006,33	28	6	0
29	7	$28.028,33	29	7	0
30	8	$33.467,15	30	8	0
31	9	$39.357,38	31	9	0
32	10	$45.736,51	32	10	0
33	11	$52.645,10	33	11	0
34	12	$60.127,10	34	12	0
35	13	$68.230,10	35	13	0
36	14	$77.005,64	36	14	0
37	15	$86.509,56	37	15	0
38	16	$96.802,29	38	16	0
39	17	$107.949,31	39	17	0
40	18	$120.021,53	40	18	0
41	19	$129.983,26	41	19	$3.112,48.
42	20	$140.771,81	42	20	$6.483,30.
43	21	$152.455,80	43	21	$10.133,89.
44	22	$165.109,55	44	22	$14.087,48.
45	23	$178.813,56	45	23	$18.369,21.
46	24	$193.655,00	46	24	$23.006,33.
47	25	$209.728,27	47	25	$28.028,33.
48	26	$227.135,61	48	26	$33.467,15.
49	27	$245.987,76	49	27	$39.357,38.
50	28	$266.404,62	50	28	$45.736,51.
51	29	$288.516,07	51	29	$52.645,10.
52	30	$312.462,77	52	30	$60.127,10.
53	31	$338.397,02	53	31	$68.230,10.
54	32	$366.483,81	54	32	$77.005,64.
55	33	$396.901,78	55	33	$86.509,56.
56	34	$429.844,43	56	34	$96.802,29.
57	35	$465.521,31	57	35	$107.949,31.
58	36	$504.159,35	58	36	$120.021,53.
59	37	$546.004,33	59	37	$133.095,74.
60	38	$591.322,42	60	38	$147.255,10.
61	39	$640.401,89	61	39	$162.589,69.
62	40	$693.554,93	62	40	$179.197,03.
63	41	$751.119,64	63	41	$197.182,78.
64	42	$813.462,20	64	42	$216.661,33.
65	43	$880.979,16	65	43	$237.756,60.
66	44	$954.100,00	66	44	$260.602,76.
Total acumulado =	67	45	**$1.033.289,83**	67	45	**$285.345,14**
Importe total invertido =			**$54.000,00**			**$81.000,00**

AMIGO

USTED

al año y ha ahorrado y generado más de 1 millón de dólares en activos financieros. ¡Es millonaria! Y todo empezó por decidirse a dar un pequeño paso y ahorrar 33 dólares al mes.

El tiempo es vital

Cuanto antes empiece a introducir pequeños cambios, con más fuerza funcionará el efecto compuesto. Suponga que una amiga escuchó los consejos de Dave Ramsey (un experto en finanzas) y en cuanto consiguió su primer empleo, después de graduarse en la universidad a los veintitrés años, empezó a contribuir a un plan de pensiones con 250 dólares. Por otro lado, usted no empieza a ahorrar hasta que cumple cuarenta años. O quizás empieza a ahorrar un poco antes pero liquida la cuenta de pensiones porque no nota grandes beneficios. Cuando su amiga tenga cuarenta años, no tendrá que invertir un dólar más y a la edad de sesenta y siete años tendrá más de 1 millón de dólares, con un crecimiento del 8% de interés acumulado mensualmente. Usted, por su parte, continúa invirtiendo 250 dólares al mes hasta que llega a los sesenta y siete años, la edad normal de jubilación establecida por la Seguridad Social en EE.UU. para los nacidos después de 1960. Esto significa que está ahorrando veintisiete años frente a los diecisiete años de su amiga). Cuando se jubile, tendrá menos de 300.000 dólares y habrá invertido 27.000 dólares más que ella. Incluso si ahorrara muchos más años e invirtiera mucho más dinero, aún así, terminaría con menos de un tercio del dinero que podía haber tenido. Eso es lo que pasa cuando retrasamos y descuidamos disciplinas, comportamientos y hábitos necesarios. No espere un día más para poner en práctica las disciplinas que le conducirán a sus objetivos. Vea la imagen 5.

¿Está pensando que al empezar tan tarde y haberse quedado tan atrás, le será imposible remontar? Esa es otra idea preconcebida en su mente y es hora de eliminarla. Nunca es demasiado tarde para recibir los beneficios del efecto compuesto. Suponga que siempre quiso tocar el piano pero cree que es demasiado tarde porque va a cumplir los cuarenta. Si empieza ahora, para cuando sea un pensionista puede llegar a ser un virtuoso, ya que habrá tocado el piano durante veinticinco años. La clave está en empezar AHORA. Todas las acciones grandiosas y aventuras fantásticas se inician con pasos pequeños. El primer paso siempre parece más difícil de lo que realmente es.

Pero ¿y si veinticinco años es demasiado tiempo? ¿Y si sólo tiene tiempo y paciencia para diez años? En el libro de Brian Tracy, *Focal Point* (Amacom, 2002), se describe cómo mejorar cualquier aspecto de la vida en un 1000 %. No un 10% o un 100%, sino un 1000%. Deje que le describa la idea a grandes rasgos.

Lo único que tiene que hacer es mejorarse a sí mismo y aumentar su rendimiento, resultados e ingresos una décima parte de un 1% cada día laborable (incluso puede relajarse los fines de semana). Esto supone 1/1000, una milésima parte. ¿Cree que puede hacerlo? Por supuesto, cualquiera puede hacerlo. Es sencillo. Hágalo todos los días de la semana y mejorará 0,5% a la semana (no mucho) y 2% al mes, que acumulado suma 26% al año. Sus ingresos ahora se duplican cada 2,9 años. En el décimo año, puede rendir y ganar el 1000% de lo que rinde y gana actualmente. ¿No es sorprendente? No tiene que esforzarse un 1000% más ni echar 1000% más en horas. Basta con una mejora diaria de una décima parte de un 1%.

El éxito es un medio maratón

Bárbara era comercial de ventas en una empresa de *software* educativo en la que yo estaba introduciendo cambios. Un día me habló de un amigo que iba a correr un medio maratón el siguiente fin de semana. Bárbara, que estaba bastante gorda, me dijo muy convencida: "yo *nunca* podría hacer algo así. Me quedo sin aliento sólo subiendo un tramo de las escaleras".

"Si tú quieres, puedes elegir hacer lo que tu amigo está haciendo", le contesté. Se mostró reacia y dijo: "es totalmente imposible".

El primer paso era ayudar a Bárbara a encontrar una motivación, por lo tanto le pregunté: ¿cuál es el motivo por el que correrías un medio maratón?

"Bueno, el verano que viene tengo una reunión de antiguos alumnos del instituto para celebrar el veinte aniversario y me gustaría estar estupenda para la ocasión. Pero he engordado tanto desde que tuve a mi segundo hijo hace cinco años, que no sé cómo hacerlo".

¡Bingo! Habíamos encontrado un objetivo para motivarla. Sin embargo, actué con cautela. Si ha intentado adelgazar alguna vez, probablemente conoce el procedimiento: se apunta a un gimnasio caro, se gasta un montón de dinero en entrenadores personales, aparatos, ropa deportiva 'mega pija', y unas zapatillas de deporte alucinantes. Durante una semana hace ejercicio vigorosamente y luego convierte la bici elíptica en un tendedero para secar la ropa, abandona el gimnasio y deja que las zapatillas se pudran en un rincón. Con Bárbara quería utilizar una táctica mejor. Sabía que si podía persuadirla para que eligiera un solo nuevo hábito, se engancharía, y el resto de los comportamientos necesarios se sucederían de forma natural.

Le pedí que condujera el coche por su barrio y que planificara una ruta de un kilómetro y medio desde su casa. Después le pedí que caminara esa distancia tres veces en un período de dos semanas. Observe que no le pedí que corriera el kilómetro y medio. Empecé con una tarea pequeña y fácil que no requería un gran esfuerzo. Luego le pedí que caminara la ruta tres veces por semana durante dos semanas más. Cada día, su elección era continuar con la tarea asignada.

Lo siguiente fue pedirle que empezara a correr a paso tranquilo, sin sentir molestias. Si notaba que se quedaba sin aliento, debía pararse y continuar caminando. Le encomendé esta tarea hasta que pudiera correr un cuarto, la mitad y finalmente tres cuartos de ese kilómetro y medio. Tardó tres semanas más (nueve salidas) hasta poder completar corriendo el kilómetro y medio. Después de un total de siete semanas, ya completaba el circuito entero corriendo. A primera vista parece mucho tiempo para una victoria tan mínima, ¿verdad? Después de todo, un medio maratón son sólo unos 21 kilómetros. En comparación, un kilómetro y medio no es nada. Lo más significativo fue que Bárbara empezó a notar que su elección de ponerse en forma para la reunión (su motivo, como explicaré más adelante) estaba fomentando nuevas hábitos más sanos. El efecto compuesto se había puesto en marcha y había comenzado su proceso prodigioso.

Posteriormente le pedí a Bárbara que aumentara la distancia una octava parte del kilómetro y medio en cada salida (era una distancia apenas perceptible, unos 300 pasos más). En seis meses corría *quince* kilómetros sin problema. En nueve meses podía correr veinticinco kilómetros (una distancia mayor que el medio maratón) como parte de su rutina habitual. Lo más fascinante fue lo que ocurrió en otros aspectos de su vida. Bárbara dejó de sentir esa necesidad imperiosa de comer chocolate (su obsesión de toda la vida) y comida grasienta. El aumento de energía, resultado del ejercicio cardiovascular, y la comida sana incrementaron su entusiasmo en el trabajo. Durante ese período duplicó su rendimiento en las ventas (que para mí era favorable).

Como vimos en el capítulo anterior, la reacción en cadena de este impulso aumentó su autoestima. Se volvió más cariñosa con su marido y su relación pasó a ser más apasionada de lo que había sido desde la universidad. Como se sentía con más energía, la relación con sus hijos se volvió más activa y animada. Ya no tenía tiempo de salir con esos amigos tan negativos, que seguían reuniéndose después del trabajo para ir de copas y comer tapas grasientas. Se apuntó a un club de corredores y allí conoció a gente con una actitud más saludable, lo cual fomentó adicionalmente un montón de decisiones, comportamientos y hábitos positivos más.

Después de aquella primera conversación en mi despacho, y de su decisión de encontrar un motivo y comprometerse a realizar unas pequeñas tareas, perdió más de dieciocho kilos. Se convirtió en un ejemplo viviente de mujer empoderada y en plena forma física. En la actualidad, Bárbara corre maratones completos.

Su vida es el resultado de elecciones realizadas en cada momento. En el CD de *SUCCESS* (Mayo 2010), la entrenadora personal del programa *Biggest Loser* (donde la meta de los concursantes es perder peso), Jillian Michaels compartió con nosotros un recuerdo muy instructivo de su niñez: "cuando era pequeña mi madre me organizaba un juego que consistía en encontrar huevos de chocolate escondidos. Corría por toda la casa y cuando me acercaba a un huevo mi madre decía "caliente", y si me acercaba mucho más "te quemas"; si me alejaba, "frío, helado". Esto es lo que enseño a los participantes del programa. Necesito que identifiquen su felicidad y su objetivo final con llegar al punto más caliente. Quiero que entiendan cómo cada elección y decisión que toman en cada momento les acerca a esa meta final.

Como los resultados que obtenemos son el efecto de las opciones elegidas en cada momento, tenemos un poder increíble para cambiar nuestra vida. Paso a paso y día a día, nuestras elecciones determinan las acciones, que se convertirán en hábitos cuando la práctica constante los haga permanentes.

Perder es un hábito. Ganar también lo es. Ahora veamos cómo usted puede instaurar permanentemente hábitos de éxito en su vida. Si elimina hábitos destructivos y se inculca las costumbres positivas necesarias, podrá dirigir su vida en la dirección que desee, llevarla a las cotas más altas de su imaginación. Déjeme enseñarle cómo hacerlo...

Cómo beneficiarse del efecto compuesto

> # Resumen de acciones para practicar
>
> ↗ "¿Con qué personas o circunstancia de su vida
>   encuentra mayores dificultades? Escriba todos los
>   aspectos de esta situación por los que debe estar
>   agradecido. Anote todo lo que refuerce o amplíe su
>   sentimiento de gratitud en esa área.
>
> ↗ "¿En qué aspectos de su vida no asume responsabilidad
>   al 100% por el éxito o fracaso de su situación actual?
>   Escriba tres cosas que haya hecho en el pasado y que
>   hayan perjudicado su vida. Escriba tres cosas que
>   debería haber hecho pero que no hizo. Escriba tres
>   cosas que le hayan ocurrido y ante las que reaccionó
>   ineficazmente. Escriba tres cosas que puede empezar
>   a hacer hoy mismo para recuperar la responsabilidad
>   sobre sus resultados en la vida.
>
> ↗ Empiece la anotación de al menos un comportamiento
>   en un aspecto de su vida que desea cambiar y mejorar
>   (p.ej. dinero, alimentación, forma física, aprender a
>   apreciar a los demás, la forma de educar a sus hijos...el
>   que usted decida).

CAPÍTULO 3

HÁBITOS

Un sabio maestro estaba paseando en el bosque con uno de sus jóvenes pupilos y se detuvo delante de un arbolito.

"Arráncalo", le instó el maestro señalando el brote que salía de la tierra. El joven lo arrancó fácilmente con los dedos. "Ahora arranca ese otro", le dijo indicando un arbolito mayor que le llegaba al chico por la rodilla. Casi sin esfuerzo el muchacho tiró y el árbol cedió con raíces y todo. "Ahora éste", dijo el maestro, indicando con la cabeza un árbol de hoja perenne mucho más crecido y tan alto como el pupilo. Con gran esfuerzo, tirando con todas sus fuerzas y apalancando las tercas raíces con palos y una piedra, finalmente consiguió que se soltara.

"Ahora", dijo el sabio, "quiero que arranques este otro". El joven siguió la miraba del maestro, y descubrió un roble tan alto que la copa apenas podía verse. Con todo el trabajo que le había costado arrancar un árbol mucho más pequeño, simplemente respondió a su maestro: "lo siento pero no puedo hacerlo".

"Hijo mío", exclamó el maestro, "acabas de demostrar el poder que tienen los hábitos en nuestra vida. Cuanto más antiguos, más grandes y enraizados se vuelven, más difícil es erradicarlos. Algunos se hacen tan grandes y echan raíces tan profundas que no te atreves ni a intentarlo".

Animales de costumbres

Ya lo decía Aristóteles, "somos lo que hacemos repetidamente". El diccionario de la Real Academia define la palabra costumbre como: "Hábito, modo habitual de obrar o proceder establecido por tradición o por la repetición de los mismos actos y que puede llegar a adquirir la fuerza de precepto".

Hay una historia sobre un hombre que iba a caballo, galopando velozmente. Parecía que se dirigía a un lugar importante. Un hombre que estaba de pie, al lado del camino, le preguntó a voces: "¿Dónde va?", y el jinete respondió, "no tengo ni idea. Pregunte al caballo". Esta historia representa la vida de la mayoría de las personas. Se dejan llevar por sus hábitos sin saber a dónde se dirigen. Es hora de tomar las riendas y encaminar su vida hacia donde realmente quiere ir.

Si ha estado viviendo con el piloto automático puesto y ha dejado que los hábitos le gobiernen, quiero que entienda por qué. Quiero que se libere. Después de todo se encuentra en buenas manos. Estudios psicológicos revelan que el 95% de lo que sentimos, pensamos, hacemos y logramos es el resultado de un hábito aprendido. Todos nacemos con instintos, por supuesto, pero sin hábitos. Éstos los desarrollamos con el tiempo. Desde niños aprendemos respuestas condicionadas que llevan a reacciones automáticas (es decir, involuntarias) en muchas situaciones.

En la vida diaria, actuar de forma "automática" tiene sus ventajas. Si tuviera que pensar de forma consciente en cada paso de una tarea cotidiana (preparar el desayuno, llevar a los niños al colegio, ir a trabajar, etc.), su vida se detendría bruscamente. Seguro que se cepilla los dientes dos veces al día sin pensarlo. Lo hace y ya está, sin ningún debate filosófico. Se abrocha el cinturón en cuanto se sienta en el coche. No se lo piensa dos veces. Nuestros hábitos y rutinas nos permiten utilizar un mínimo de consciencia para las tareas habituales. Nos ayudan a mantenernos cuerdos y nos permiten gestionar la mayoría de las situaciones que nos suceden relativamente bien. Como no tenemos que pensar en lo rutinario, podemos centrar nuestra energía mental en pensamientos más creativos y enriquecedores. Los hábitos nos sirven de ayuda, siempre y cuando sean buenos.

Si come sano, es muy probable que tenga hábitos sanos al comprar comida o pedir un plato en un restaurante. Si está en forma, es porque seguramente hace ejercicio con regularidad. Si triunfa en un trabajo de vendedor, es porque los hábitos que posee para su preparación mental y monólogo interno le permiten mantener el optimismo en situaciones de rechazo.

He conocido y trabajado con muchos triunfadores, directores ejecutivos y estrellas del espectáculo, y puedo decirle que todos comparten un rasgo en común: todos tienen buenos hábitos. Con ello no quiero decir que no tengan malos hábitos también, sí los tienen, pero no demasiados. Una rutina diaria creada con buenos hábitos es la diferencia que separa a los triunfadores del resto de la gente. Tiene sentido ¿verdad? Con todo lo dicho puede deducir que los triunfadores no son necesariamente más inteligentes o más dotados de talento que los demás. Son sus hábitos los que les convierten en personas más informadas, cultas, competentes, cualificadas y mejor preparadas.

Cuando era pequeño, mi padre utilizaba a Larry Bird como un ejemplo a seguir para inculcarme hábitos. "Larry Legend" es conocido como uno de los mejores jugadores de baloncesto profesional. Sin embargo, no se le conocía por ser el jugador más atlético o dotado. Nadie le hubiera descrito como "grácil" en la cancha de baloncesto. Aún así, a pesar de una limitada aptitud atlética innata consiguió que su equipo, los Boston Celtics, ganara tres campeonatos del mundo, y todavía hoy se le considera como uno de los mejores jugadores de todos los tiempos. ¿Cómo lo consiguió?

Fueron sus hábitos, su dedicación implacable a practicar y mejorar su juego. Bird fue uno de los lanzadores de tiros libres más constante de la historia de la NBA (liga de baloncesto profesional). Desde su niñez, tenía la costumbre de practicar quinientos tiros libres todas las mañanas antes de ir al colegio. Con una disciplina como ésa, Larry aprovechó al máximo los talentos que había recibido y dio una lección en la cancha a algunos de los jugadores más dotados.

Como Larry, usted puede programar respuestas automáticas e involuntarias para que sean las de un campeón. Este capítulo trata sobre decidirse a compensar con disciplina la falta de habilidades innatas. Todo consiste en convertirse en una persona con hábitos de campeón.

Con suficiente práctica y repetición, cualquier comportamiento, bueno o malo, se convierte en automático después de un tiempo. Significa que aunque desarrollamos la mayoría de nuestras hábitos en nuestro subconsciente (copiamos lo que hacen nuestros padres, nos identificamos con el entorno y la cultura, y creamos mecanismos de defensa), podemos decidir conscientemente cambiarlos. Puede deducirse que como todos los hábitos que tenemos los hemos aprendido, podemos desaprender los que no son eficaces. ¿Preparado? Vamos allá...

Libérese de la satisfacción instantánea porque es una trampa

Sabemos que engullir pasteles no beneficiará a nuestra silueta. Somos conscientes de que pasar tres horas viendo 'Mira quién baila' y otros programas televisivos todas las noches nos quita tres horas que podríamos dedicar a leer un buen libro o escuchar un CD instructivo. Comprendemos que la simple compra de unas buenas zapatillas de deporte no nos pone a punto para correr un maratón. Somos seres racionales, al menos es lo que nos decimos a nosotros mismos. Entonces, ¿por qué nos esclavizan irracionalmente tantos malos hábitos? Porque la necesidad de satisfacción instantánea nos convierte en los animales más propensos a reaccionar y obrar sin pensar.

Si diera un mordisco a un 'Big Mac' e instantáneamente se cayera al suelo víctima de un ataque al corazón, probablemente no daría un segundo mordisco. Si la siguiente calada de un cigarro le arrugara la cara como la de un viejecito de ochenta años, seguro que dejaría de fumar. Si por no hacer esa décima llamada hoy le despidieran y dejaran en la bancarrota, de repente coger el teléfono y llamar sería una tarea de lo más sencilla. Y si el primer bocado de un pastel le añadiera instantáneamente veinte kilos a su silueta, despedirse de los postres sería más fácil.

El problema es que la satisfacción inmediata derivada de los malos hábitos suele ser más fuerte que los razonamientos mentales que nos advierten de consecuencias a largo plazo. Permitirnos esos malos hábitos no parece tener ningún efecto negativo en ese momento. No le da un ataque al corazón, no se le arruga la cara, no está haciendo cola en la oficina de empleo, y no ha engordado. Sin embargo, no significa que el efecto compuesto esté inactivo.

Es hora de DESPERTARSE y de darse cuenta de que esos hábitos que se permite podrían estar consolidando su vida para que sea un continuo desastre. Un ajuste mínimo de sus rutinas diarias puede cambiar dramáticamente los resultados de su vida. No me refiero a cambios enormes o una revisión completa de su personalidad y carácter, o de su vida. Estoy hablando de ajustes mínimos, intranscendentes pero que pueden revolucionar (y revolucionarán) todo a su alrededor.

El mejor ejemplo que puedo ofrecerle para enfatizar el poder de los pequeños ajustes es el de un avión volando desde Los Ángeles a Nueva York. Si el morro del avión se desvía un 1% de su curso (un ajuste imperceptible cuando el avión se encuentra en tierra en Los Ángeles) la ruta se desvía 240 kilómetros y el destino es Albany, más al norte, o Dover, en Delaware. Pasa lo mismo con los hábitos. Basta un solo mal hábito, que no parece importante en ese momento, para desviar el rumbo del trayecto hacia las metas y la vida que deseamos. Vea la imagen 6.

Mucha gente va a la deriva, sin realizar un esfuerzo consciente para entender lo que quieren concretamente y lo que deben hacer para conseguirlo. Quiero mostrarle cómo despertar ese entusiasmo y ayudarle a dirigir un imparable poder creativo en la dirección de sus sueños y deseos más anhelados. Erradicar los malos hábitos convertidos en robles enormes va a ser un trabajo arduo y difícil, y para seguir el proceso necesitaremos algo más que una determinación implacable, ya que la fuerza de voluntad por sí sola no cortará el roble.

Fig. 6

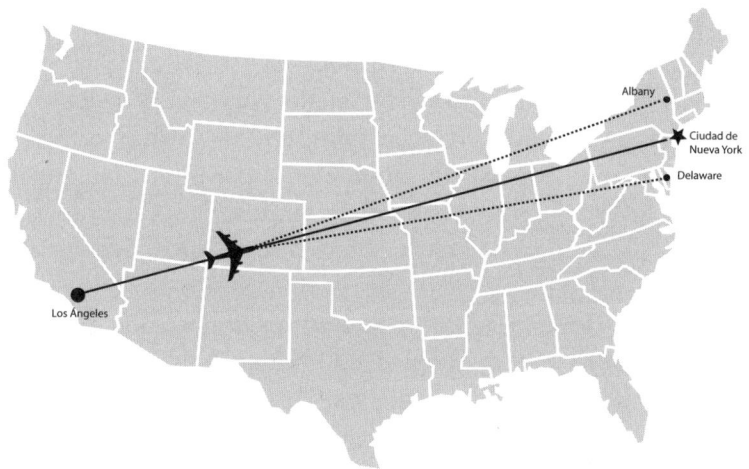

El poder de un pequeño ajuste: si el curso cambia un 1%, la ruta se desvía 240 kilómetros.

Encuentre su talismán: el poder de los motivos

Si asumimos que la fuerza de voluntad que necesita para cambiar sus hábitos es como usar una servilleta para proteger una cesta de picnic de un oso hambriento, deducimos que se necesita un arma más contundente para vencer a ese oso.

Cuando se hace difícil continuar con ese duro esfuerzo por conseguir los objetivos marcados, es normal pensar que nos falla la fuerza de voluntad. Yo no estoy de acuerdo. Decidir que se quiere tener éxito no es suficiente. ¿Qué le ayudará a perseverar con esas decisiones positivas que debe tomar? ¿Qué evitará una recaída en esos malos hábitos involuntarios? ¿Qué será diferente esta vez de las anteriores en que lo intentamos y fracasamos? En cuanto se ponga difícil sentirá la tentación de caer en su antigua y cómoda rutina.

Ya lo intentó antes con fuerza de voluntad y fracasó. Se fijó unos propósitos y no los cumplió. La última vez creyó realmente que iba a perder peso. El año pasado pensó que iba a realizar todas esas llamadas de ventas. "Pare esta locura" y haga algo diferente para obtener resultados diferentes y mejores.

Olvídese de la fuerza de voluntad. Es la hora del "poder de la motivación". Sus decisiones sólo tienen sentido cuando las conecta con sus deseos y sueños. Las decisiones más sabias y motivadoras son las que se acercan a lo que el individuo identifica con sus fines, su verdadero 'yo' y sus valores más elevados. Debe desear algo y saber *por qué* lo desea, de lo contrario se dará por vencido con gran facilidad.

Así que, ¿cuál es su motivo? Tiene que tener una razón si desea introducir mejoras significativas en su vida. Para alentarle a introducir los cambios necesarios, debe tener un porqué realmente motivador (para usted). Debe ser algo que le anime a levantarse y perseverar una y otra vez durante años. ¿Qué es lo que más le motiva? Identificar ese porqué es esencial. El motivo es lo que despierta la pasión, el origen del entusiasmo y el motor de la perseverancia. Es tan importante que fue el tema principal de mi primer libro *Design Your Best Year Ever: A Proven Formula for Achieving BIG GOALS* (SUCCESS Books, 2009). DEBE saber cuál es su motivo.

¿Por qué todo es posible?

El poder de un motivo es lo que alienta a perseverar con tareas extenuantes, rutinarias y laboriosas. La ejecución de nuestras acciones no tendrían sentido si los motivos no fueran suficientemente intensos. Mientras no tenga claro cuál es su deseo y su motivación, abandonará cualquier nueva ruta diseñada para mejorar su vida. Si el poder de sus motivos, o deseos, no es lo bastante intenso, si la determinación de su entrega no es lo suficientemente sólida, acabará como los que hacen buenos propósitos en año nuevo; abandonará a la primera oportunidad y volverá a su práctica sonámbula de elegir mal. Deje que le ponga un ejemplo para que lo entienda mejor.

Si pusiera en el suelo un tablón de veinticinco centímetros de ancho y nueve metros de largo y le dijera: "si camina por el tablón de un extremo a otro, le doy veinte dólares", ¿qué haría? Por supuesto, es una forma sencilla de ganar dinero. Pero, ¿qué pasaría si utilizara ese mismo tablón para crear un puente entre dos edificios de 100 plantas? Los mismos veinte dólares por caminar por el tablón de nueve metros dejarían de atraerle y parecería imposible conseguirlos, ¿verdad? Me miraría y diría, "Ni hablar". Vea la imagen 7.

Pero si su hijo se encontrara en el edificio de enfrente y ese edificio estuviera en llamas, seguro que caminaría hasta el otro extremo del tablón sin pensárselo dos veces y se olvidaría de los veinte dólares.

Fig. 7

¿Es el poder de su motivo lo bastante intenso?

¿Por qué la primera vez que le pedí cruzar el tablón a gran altura dijo que no, y sin embargo, la segunda vez no vaciló? El riesgo y peligro eran los mismos. ¿Qué cambió? Lo que cambió fue el *motivo* para hacerlo. ¿Se da cuenta? Cuando el motivo es suficientemente intenso, estamos dispuestos a ejecutar prácticamente cualquier tarea para conseguir nuestro objetivo.

Para estimular verdaderamente sus posibilidades creativas y dinamismo interno, debe ir más allá de la retribución monetaria o las metas materiales. No es que esas motivaciones sean malas, ciertamente son estupendas. Yo soy un experto en cosas buenas. No obstante, los bienes materiales no le incitan a entregarse a la lucha en cuerpo y alma. Este entusiasmo tiene que surgir de algo más profundo. Incluso si consigue el objeto deseado, no alcanzará el verdadero premio: la felicidad y la satisfacción. En mi entrevista con un experto del rendimiento máximo, Anthony Robbins (*SUCCESS*, enero 2009), me dijo: "he visto magnates que consiguen sus objetivos máximos, y sin embargo viven frustrados, preocupados y con miedo. ¿Qué impide que esta gente con tanto éxito sea feliz? La respuesta es que se centraron en el triunfo, no en la satisfacción de sentirse realizados. Un logro formidable no garantiza alegría, felicidad, amor, ni da sentido a su vida. Estas dos aptitudes se complementan y me hace pensar que un triunfo sin satisfacción es un fracaso".

Bien dicho. Por esa razón no basta con decidir tener éxito. Debe ir más lejos y encontrar una razón profunda que active ese 'superpoder', el poder de su motivo.

Motivaciones esenciales

Nuestras motivaciones vienen determinadas por nuestros valores esenciales, los cuales definen quiénes somos y lo que nos identifica. Los valores esenciales son una brújula interna, la luz que nos guía, nuestro sistema de navegación personal. Actúan como un filtro por el que pasan todas las exigencias, requisitos y tentaciones de la vida y se aseguran de llevarnos al destino deseado. Definir y calibrar adecuadamente los valores esenciales es un paso primordial para redirigir su vida hacia su gran sueño.

Si todavía no los ha definido claramente, corre el riesgo de tomar decisiones que contradicen sus deseos. Por ejemplo, si concede mucha importancia a la honestidad, pero se relaciona con mentirosos, ahí hay una incoherencia. Si deja que sus acciones entren en conflicto con sus valores, terminará siendo infeliz, se sentirá frustrado y desanimado. Los psicólogos nos dicen que nada nos crea más estrés que las acciones y comportamientos que son incongruentes con nuestros valores.

Definir los valores esenciales también le ayudará a que su vida sea más sencilla y eficaz. Tomar decisiones es también más fácil cuando se tienen valores esenciales. Cuando se enfrente a una elección, pregúntese: ¿concuerda con mis valores esenciales? Si es así, hágalo, si no, no lo haga y no lo piense más. Es una forma de poner fin a las preocupaciones y a la indecisión.

Para identificar sus valores esenciales, utilice la hoja de evaluación de valores esenciales (Core Values Assessment) al final del libro, o descárguela en www.TheCompoundEffect.com/free

Busque un enemigo

Suele motivarnos algo que deseamos o algo que rechazamos. El amor es una fuerza de motivación muy poderosa, pero el odio también. El odio puede ser bueno, a pesar de lo que se diga (p.ej. odiar enfermedades, injusticia, ignorancia, autocomplacencia, etc.). A veces encontrar un enemigo nos hace reaccionar. Las situaciones en las que tuve un enemigo al que enfrentarme inspiraron mi mayor motivación, determinación y obstinada perseverancia. A lo largo de la historia, las mayores transformaciones y revoluciones políticas fueron el resultado de enfrentarse a un enemigo: David contra Goliat, América contra los británicos, Luke contra Darth Vader,

Rocky contra Apollo Creed, los veinteañeros contra 'The Man', Rush Limbaugh contra los liberales, Lance Armstrong contra el cáncer, Apple contra Microsoft, Microsoft contra Apple y podríamos seguir y seguir, pero ya le queda claro. Los enemigos nos dan una razón para armarnos de valor. La lucha pone a prueba nuestra habilidad, personalidad y determinación. Nos obliga a valorar y poner en práctica talentos y aptitudes. Sin una lucha que nos motive nos abandonamos, nos volvemos perezosos y perdemos fuerza y determinación.

A varios clientes, de los que soy mentor, les preocupa que sus motivos deriven de unas metas poco nobles. Se sienten culpables por querer demostrar a sus objetores que están equivocados, o por querer vengarse de los que decían que no llegarían lejos en la vida o que no conseguirían vencer a la competencia, o por querer aventajar a un hermano que siempre dominaba. Realmente no importa la motivación que se tenga (siempre y cuando sea legal y moral) y tampoco tiene que ser una grandiosa causa humanitaria. Lo que cuenta es sentirse plenamente motivado. A veces, esa motivación puede ayudarnos a utilizar una poderosa emoción o experiencia negativa para crear una meta más poderosa y exitosa.

Y así fue para Pete Carroll, uno de los entrenadores de fútbol americano más admirados de la historia. Cuando publicamos un artículo sobre él en la revista *SUCCESS* en septiembre de 2008, nos explicó de esta manera su temprana motivación: "de niño era canijo. No podía hacer muchas cosas porque era demasiado pequeño. Tardé unos dos años en llegar a un lugar donde podía ser competitivo. Todo ese tiempo, viví con la convicción de que era mucho mejor de lo que parecía y que necesitaba luchar para probarlo. Me frustraba porque sabía que podía llegar a ser especial".

Para Caroll, la necesidad de luchar resultó en grandes logros. El ejemplar de marzo de 2010 de la revista *SUCCESS* publicó una entrevista con el elogiado actor Anthony Hopkins. Me sorprendió cuando nos contó que fue la ira la que hizo despertar su extraordinario talento y determinación. Hopkins admitió que era un estudiante pésimo, afectado por dislexia y déficit de atención e hiperactividad, mucho antes de que tales trastornos del aprendizaje se diagnosticaran. Le colgaron el cartelito de "niño problemático".

"Era motivo constante de preocupación para mis padres", nos reveló. "A primera vista no tenía futuro porque la escolarización y la educación académica eran importantes, pero yo no parecía tener la habilidad para asimilar lo que me enseñaban. Todos mis primos sobresalían en los estudios y yo me sentía resentido y rechazado por la sociedad. Estaba muy deprimido".

Hopkins aprovechó esa ira. Le impulsó a luchar y conseguir éxito fuera de lo académico o los deportes. Descubrió que tenía un atisbo de talento para actuar. Así pues, utilizó la ira, causada por las etiquetas denigrantes que le habían asignado, para dirigir su determinación hacia el arte de actuar. En la actualidad, se le considera como uno de los mejores actores con vida. Como resultado de la fama y fortuna adquiridas, Hopkins ha podido ayudar a mucha gente en su lucha contra las drogas, además de su apoyo en temas de medio ambiente. Aunque inicialmente no le impulsó una causa "noble", su lucha claramente mereció la pena.

Todos podemos tomar decisiones poderosas. Podemos recuperar el control si dejamos de echarle la culpa al azar, al destino o a los demás por los resultados que obtenemos. Provocar cambios depende de nosotros mismos y podemos hacerlo. En lugar de dejar que experiencias pasadas desagradables nos debiliten y saboteen el éxito, podemos utilizarlas para fomentar cambios positivos y constructivos.

Objetivos

Como mencioné antes, el efecto compuesto siempre está en funcionamiento y siempre le llevará a alguna parte. La pregunta es: ¿hacia dónde? Puede aprovechar esta fuerza implacable y dejar que le conduzca a nuevas cotas, pero debe saber a dónde quiere llegar. ¿Qué metas, sueños y destinos desea alcanzar?

Cuando asistí al funeral de Paul J. Mayer, otro de mis mentores, recordé la riqueza y diversidad de su vida. Él consiguió, experimentó y contribuyó más que docenas de personas juntas. La lectura de su esquela me instó a reexaminar la cantidad y el tamaño de los objetivos que me propongo a mí mismo. Si Paul estuviera aquí, nos diría: "si no progresas tanto como te gustaría y sabes que eres capaz de hacerlo, eso significa que no has definido claramente tus objetivos." Una de sus frases más memorables nos recuerda la importancia de los objetivos: "lo que imaginas intensamente, deseas ardientemente, crees sinceramente y en lo que te aplicas con entusiasmo... ¡forzosamente tiene que suceder"!

Aprender a establecer y conseguir objetivos de forma eficaz es la técnica que más ha contribuido a la prosperidad lograda en mi vida. Algo casi mágico sucede cuando organizas y diriges tu poder creativo hacia un objetivo bien definido. Lo he visto muchas veces. Los triunfadores han tenido éxito porque han planificado sus sueños. La persona que tiene un motivo claro, convincente y estimulante siempre vencerá al mejor de los mejores al ejecutar tareas para alcanzar su objetivo.

Para descubrir dónde podría ser necesario añadir o reajustar sus objetivos, utilice la hoja de evaluación de la vida (Life Assessment) al final del libro o descárguela en www.theCompoundEffect.com/free

Cómo fijar objetivos: revelamos el misterio

Sólo vemos, experimentamos o conseguimos aquello que buscamos. Si no sabemos qué buscamos, seguro que no lo conseguiremos. Por naturaleza somos buscadores de objetivos. Nuestro cerebro intenta constantemente hacer que el mundo exterior encaje con lo que vemos y esperamos en nuestro mundo interior. Así, cuando ordenamos a nuestro cerebro que busque las cosas que deseamos, empezamos a visualizarlas. En realidad, el objeto de nuestro deseo probablemente ha estado siempre presente a nuestro alrededor, pero nuestros ojos y nuestra mente no estaban listos para percibirlo.

Así es cómo funciona *la ley de la atracción*. No estamos hablando de ese vudú misterioso y esotérico como a veces parece. Se trata de algo mucho más sencillo y práctico.

Nos bombardean continuamente con millones y millones de elementos de información, visuales, auditivos y físicos. Para no perder la cordura ignoramos el 99,9 % de toda esa información, y sólo vemos, oímos o notamos aquello en lo que se centra nuestra mente. Por esta razón, cuando "pensamos" en algo, parece que lo atraemos milagrosamente a nuestra vida, cuando en realidad no hacemos más que percibir algo que ya estaba allí antes y ahora lo "atraemos" hacia nosotros. No estaba ahí antes, o no era accesible hasta que enfocamos nuestros pensamientos en su dirección y dirigimos nuestra mente para verlo.

¿Tiene esto sentido? No es ningún misterio en absoluto, es bastante lógico. Ahora, con esta nueva percepción, se centrará en aquello en lo que piensa internamente y de repente lo "verá" en ese 99,9 % de espacio que le queda libre.

He aquí un ejemplo muy utilizado porque es la pura verdad: cuando decidimos comprar un coche, de repente vemos ese modelo y esa marca por todas partes, ¿es verdad o no? Parece que repentinamente ha inundado las calles cuando ayer no había ninguno. ¿Es eso real? Por supuesto que no. Han estado allí todo el tiempo, pero no les prestábamos atención. No existían hasta que empezamos a pensar en ellos.

Cuando definimos nuestros objetivos, damos al cerebro algo nuevo que buscar o en qué centrarse. Es como dar a la mente ojos nuevos desde los que veremos gente, circunstancias, conversaciones, recursos, ideas y creatividad que nos rodean. Con esta nueva perspectiva (un itinerario interno), la mente pasa a establecer correspondencias entre lo externo y los deseos de nuestra mente (el objetivo). Así de simple. Hay una diferencia profunda en la forma de percibir el mundo y de atraer ideas, gente y oportunidades una vez que hemos fijado nuestros objetivos.

En una de mis entrevistas con Brian Tracy, él lo explicó de esta manera: "la gente que está en la cumbre tiene unos objetivos muy claros. Se conocen bien a sí mismos y saben lo que quieren. Toman nota y planifican su consecución. La gente sin éxito lleva sus objetivos metidos en la cabeza, como si fueran canicas golpeteando una lata. Un objetivo que no se pone por escrito es una simple fantasía. Todo el mundo tiene fantasías, pero éstas son como balas sin pólvora en el cartucho. La gente se pasa la vida disparando balas de fogueo sin unos objetivos por escrito, y ese es precisamente el punto de partida".

Sugiero que hoy *mismo* dedique algo de tiempo a la elaboración de su lista de objetivos más importantes. Le recomiendo que considere objetivos en todos los aspectos de su vida, no sólo en los negocios o finanzas. No caiga en el error de centrarse demasiado en un solo aspecto de su vida, excluyendo todo lo demás. Opte por un tipo de éxito general; un equilibrio en todos los aspectos importantes para usted: negocios, finanzas, salud, y bienestar, espiritualidad, familia, relaciones y modo de vida.

 Para ayudarle a fijar objetivos significativos y específicos, remítase a la hoja diseñar objetivos (Goal Designing) al final del libro. También puede descargarla en www.TheCompoundEffect.com/free

Quién debe llegar a ser

Una vez que nos hemos fijado nuevos objetivos que deseamos lograr, nos preguntamos: ¿qué debo *hacer* ahora para lograr mi objetivo? Es una buena pregunta, pero no es la primera que necesita una respuesta. La pregunta que debemos hacernos es: ¿quién debo llegar a ser? Probablemente ya conoce a personas que aparentemente lo hacen todo bien, pero que no obtienen los resultados que desean, ¿verdad? ¿Y por qué será? Jim Rohn me enseñó lo siguiente: "si quieres tener más, debes convertirte en alguien mejor. El éxito no se persigue, ya que cuando perseguimos algo, nos esquiva, es como intentar cazar mariposas. El éxito es lo que acabas atrayendo cuando te *conviertes* en esa persona que quieres ser".

Cuando asimilé esta filosofía, mi vida y crecimiento personal dieron un giro total. Cuando estaba soltero y decidido a encontrar pareja y casarme, escribí una larga lista de los rasgos que deseaba encontrar en la mujer perfecta. Llené más de cuarenta páginas de un diario, de principio a fin, para describirla con todo detalle: su personalidad, carácter, cualidades clave, actitudes y filosofía de vida, incluso el tipo de familia del que debía proceder, su cultura, apariencia física y hasta la textura de su cabello. Describí a fondo cómo sería nuestra vida y lo que haríamos juntos. Si entonces me hubiera preguntado a mí mismo qué tenía que hacer para conseguir una chica así, todavía estaría intentando cazar mariposas. En su lugar, revisé la lista y me puse a analizar si yo mismo personificaba esas cualidades. Me pregunté a mí mismo: ¿poseo yo esas mismas cualidades que le exijo a ella? ¿Qué tipo de hombre buscaría una mujer así? ¿Quién debo llegar a ser para atraer a una mujer de esa naturaleza?

Llené otras cuarenta páginas más para describir los rasgos, cualidades, comportamientos, actitudes y características que yo mismo necesitaba adquirir para llegar a ser quien me proponía. Después me esforcé para personificar y conseguir esas cualidades. ¿Y sabe qué pasó? ¡Funcionó! Mi mujer, Georgia, parece sacada de las páginas de mi diario ya que responde exactamente a la descripción y requisitos fijados por mí. La clave estuvo en tener claro cómo debía ser yo primero para atraer y conservar a una mujer con todas esas cualidades y luego esforzarme por conseguirlo.

 Para llegar a ser quien queremos ser y lograr lo que deseamos es preciso identificar los malos hábitos y los nuevos hábitos que necesitamos. Complete la hoja de evaluación de hábitos (Habit Assessment) al final del libro o descárguela en www.TheCompoundEffect.com/free

Aprenda a comportarse

Vamos a planificar el proceso que necesita seguir para lograr los objetivos que se ha propuesto. Este es el proceso de *ejecución*, o en algunos casos, el de NO ejecución.

Lo que le separa de sus objetivos es su *comportamiento*. ¿Qué comportamientos debe abandonar para que el efecto compuesto no le arrastre hacia un desastre? Y por otro lado, ¿qué comportamientos debe introducir en su vida diaria para cambiar su actual trayectoria y dirigirse en una dirección más beneficiosa? En otras palabras, ¿qué hábitos y comportamientos necesita eliminar y añadir en su vida?

Su vida se resume en esta fórmula:

SU ELECCIÓN + COMPORTAMIENTO + HÁBITO + COMPUESTO = OBJETIVOS
(decisión)　　　　　(acción)　　　(acción repetida) (tiempo)

Por este motivo es fundamental identificar los comportamientos que bloquean la ruta hacia nuestros objetivos y aquellos que nos ayudan a lograrlos.

Probablemente cree que tiene sus malos hábitos bajo control, pero le apuesto lo que quiera a que no es así. Nuevamente, la técnica de la anotación es muy eficaz. Por ejemplo, hablemos claro, ¿sabe realmente cuántas horas pasa delante del televisor cada día? ¿Cuántas horas pasa viendo los canales de noticias, o los de deporte y moda poniéndose al día de los objetivos y logros de los demás? ¿Sabe cuántas latas de refrescos se bebe al día o cuántas horas de trabajo no productivo pasa en el ordenador (Facebook, cotilleos en línea, etc.)? Como recalcábamos en el capítulo anterior, lo primero es ser conscientes de nuestro comportamiento. ¿Cuándo empezó a relajarse y empezó a desarrollar un mal hábito involuntario que le está llevando por el camino equivocado?

No hace mucho, un próspero ejecutivo, con el que colaboro en una junta directiva no lucrativa, me contrató para ser su mentor y ayudarle a mejorar su productividad. Le iba bien, pero sabía que podía optimizar su tiempo y rendir más con algo de *coaching*. Le insté a que anotara sus actividades durante una semana y observé algo que veo muy a menudo: dedicaba una cantidad enorme de tiempo a las noticias: cuarenta y cinco minutos por la mañana leyendo el periódico, treinta minutos escuchando las noticias en su trayecto al trabajo y una cantidad similar cuando conducía de vuelta a casa. Durante el día leía varias veces las noticias en Yahoo, lo que representaba al menos veinte minutos. Cuando llegaba a casa pillaba los últimos quince minutos de las noticias locales a la vez que saludaba a su familia. Y luego todavía dedicaba treinta minutos a las noticias de deportes y treinta minutos más al telediario de las 10 antes de acostarse. En total, pasaba 3,5 horas al día informándose. Este hombre no era un economista ni un comerciante de materias primas, su trabajo no dependía de las noticias de última hora. El tiempo que pasaba leyendo el periódico, escuchando noticias en la radio y viendo telediarios superaba con creces lo necesario para ser un votante informado o un ciudadano activo en la sociedad, era incluso demasiado para ampliar sus aficiones. En realidad se beneficiaba muy poco de los programas que elegía (o quizás de los que no elegía). Entonces, ¿por qué les dedicaba casi cuatro horas al día? Era un hábito.

Le sugerí que no encendiera ni la tele ni la radio, que cancelara la suscripción al periódico y que instalara un sistema RSS para seleccionar y recibir sólo las noticias que considerara importantes para sus negocios o aficiones. Sólo con esto, se liberó instantáneamente del 95% de todo ese ruido que consumía su tiempo y saturaba su mente. Ahora podía examinar todo lo que le interesaba en menos de veinte minutos al día. De esta forma, esos cuarenta y cinco minutos por la mañana (durante su trayecto al trabajo), y esa hora por la tarde quedaban libres para actividades productivas, como hacer ejercicio, escuchar material instructivo y de autoayuda, leer, planificar, preparar asuntos y pasar más tiempo con su familia, es decir, más calidad de vida. Ahora me dice que nunca se había sentido menos estresado (escuchar noticias negativas constantemente causa ansiedad), y más inspirado y centrado que ahora. Un pequeño cambio en sus hábitos significó un enorme salto hacia delante que redundó en mayor equilibrio y productividad.

Muy bien, ahora le toca a usted. Saque la libreta y escriba sus tres objetivos principales. Luego haga una lista de los malos hábitos que le impiden progresar en cada aspecto de su vida. *Anótelos todos.*

Los hábitos y comportamientos nunca mienten. Si hay falta de coherencia entre lo que usted dice y lo que hace, creeré siempre en lo que hace. Si me dice que quiere llevar una vida sana pero tiene grasa de patatas fritas en los dedos, creeré más en las patatas fritas que en usted. Si me dice que la mejora de sí mismo es una prioridad pero pasa más tiempo con la Xbox que en la biblioteca, creeré más en la Xbox. Si dice que es un profesional entregado pero llega tarde y sin prepararse, su comportamiento le traiciona. Dice que su familia está por encima de todo, pero si no los incluye en su apretada agenda de negocios, realmente lo que dice no es cierto. Mire la lista de malos hábitos que acaba de escribir. Esa lista dice la verdad sobre usted. Ahora debe decidir si está satisfecho o si desea cambiar.

A continuación añada a esa lista los hábitos que necesita adoptar y cuya práctica acumulada conllevará al logro de sus objetivos.

Al redactar esta lista no se trata de perder energía juzgándose o lamentándose, sino que se trata de analizar con lucidez lo que uno desea mejorar. Pero no vamos a quedarnos aquí. Vamos a erradicar esos malos hábitos tan destructivos y en su lugar vamos a instaurar otros nuevos, más positivos y más sanos.

Innovar en el juego: cinco estrategias para eliminar los malos hábitos

Los hábitos se aprenden, por lo tanto pueden desaprenderse. Si desea navegar por su vida en una nueva dirección, lo primero que debe hacer es abandonar los malos hábitos que le impiden avanzar. La clave está en hacer que su motivo sea tan poderoso que logre reprimir el deseo de una satisfacción inmediata. Por esta razón, necesita un nuevo plan de juego. A continuación le describo mis innovaciones favoritas:

1. Identificar los desencadenantes
Mire la lista de malos hábitos. Identifique qué es lo que provoca

cada uno de ellos. Descubra los desencadenantes subyacentes que hay en el mal comportamiento. Yo los denomino los 'cuatro grandes': el Quién, el Qué, el Dónde, y el Cuándo. Por ejemplo:

- ¿Tiende a beber más cuando está con determinadas personas?
- ¿Hay un determinado momento del día cuando le apetece comer algo dulce de manera imperiosa?
- ¿Qué emociones tienden a provocar sus peores hábitos? ¿El estrés, el cansancio, la ira, el nerviosismo, el aburrimiento?
- ¿Cuándo siente esas emociones? ¿Con quién está en esos momentos? ¿Dónde está? ¿Qué está haciendo?
- ¿Qué situaciones provocan sus malos hábitos? ¿Conducir el coche? ¿El momento antes de una evaluación de rendimiento laboral? ¿Visitar a su familia política? ¿Las reuniones de trabajo? ¿Los entornos de socialización? ¿La inseguridad por su aspecto físico? ¿Los plazos de entrega?
- Analice detenidamente sus hábitos. ¿Qué suele decir cuando se levanta por la mañana, cuando se toma un descanso para tomar un café o ir a comer, o cuando llega a casa tras una larga jornada?

Vuelva a sacar la libreta o utilice la hoja de trabajo 'acabar con las malos hábitos' (Bad Habit Killer), que también puede descargar en www.TheCompoundEffect.com/free para anotar los desencadenantes. Esta tarea tan sencilla aumentará su toma de conciencia de manera exponencial. Por supuesto esto no es suficiente, como ya hemos mencionado, ser más consciente de un mal hábito no es suficiente para eliminarlo.

2. Limpiar la casa

Restriegue bien. Lo digo en serio, en sentido literal y figurado. Si quiere dejar de beber, tire cada gota de alcohol que tenga en casa (y en su casa de campo, si es que tiene una). Deshágase de los vasos y de todas las pijaditas que usa cuando bebe, y eso también incluye las aceitunas de adorno. Si quiere dejar de beber café, tire la cafetera y regale esos paquetes de café selecto a su somnoliento vecino. Si intenta poner freno a sus gastos, cancele la suscripción a catálogos y ofertas de ventas que se cuelan por el buzón o el correo electrónico. Así ni siquiera tendrá que imponerse la disciplina de tener que ir a tirarlos al contenedor de reciclaje. Si desea comer de forma más sana, tire toda la porquería que guarda en los armarios, deje de comprar comida basura y no justifique su compra diciendo que no es justo negársela al resto de la familia sólo porque usted no la quiere en su vida. Créame, toda su familia se beneficiará. No traiga ese tipo de comida a casa y punto. Deshágase de todo lo que fomente sus malos hábitos.

3. Buscar sustitutos

Mire de nuevo la lista de malos hábitos. ¿De qué modo puede cambiarlos para que no sean tan perjudiciales? ¿Puede sustituirlos por hábitos más provechosos, o es mejor descartarlos totalmente para siempre?

Los que me conocen saben que me encanta tomar un dulce de postre. Si hay helado en casa, el postre se convierte en un "banana split" con tres bolas de helado y otros ingredientes para adornarlas. En total, unas 1.255 calorías. He sustituido ese mal hábito y en lugar de ese postre me tomo dos bomboncitos, unas 50 calorías. De esta forma puedo satisfacer mi inclinación por los dulces sin tener que pasar una hora extra en la cinta de correr para compensar el exceso.

Mi cuñada se acostumbró a comer aperitivos crujientes y salados mientras veía la tele. Se zampaba una bolsa entera de nachos de maíz casi sin darse cuenta. Descubrió que era esa sensación crujiente en la boca lo que realmente le gustaba. Decidió sustituir ese mal hábito y comer en su lugar palitos de zanahoria y apio o brócoli crudo. Consiguió sentir la misma satisfacción y a la vez ingería la cantidad diaria recomendada de verduras.

Un chico que trabajaba para mí tenía el hábito de beber ocho latas de Coca Cola Light al día (un hábito realmente MALO). Le sugerí que en su lugar bebiera agua con gas baja en sodio, con un poco de limón, lima o naranja. Siguió mi consejo durante un mes más o menos y finalmente descubrió que no necesitaba el gas en absoluto, con lo cual pasó a beber agua normal.

4. Tomárselo con calma

Vivo cerca del océano Pacífico y cuando me meto en el agua, dejo que me cubra primero hasta los tobillos, luego me adentro más hasta las rodillas, después le llega el turno a la cintura y el pecho y finalmente me zambullo. Algunas personas simplemente llegan corriendo y se zambullen de golpe. Me alegro por ellos, pero eso no es para mí. Yo prefiero tomármelo con calma (probablemente el efecto de un trauma de mi niñez, como comprobará en la siguiente estrategia). Para algunos hábitos duraderos y muy enraizados puede ser más eficaz eliminarlos lentamente. Ha pasado seguramente décadas repitiendo, fomentando y reforzando esos hábitos, por lo tanto puede ser prudente darse tiempo para erradicarlos, paso a paso.

Hace unos años, el médico de mi mujer le recomendó reducir la cafeína durante unos meses. A los dos nos encanta el café y como ella tenía que sacrificarse decidí que era justo hacerlo juntos. Al principio empezamos 'mitad y mitad' tomando una mezcla de café 50% descafeinado y 50% normal durante una semana. Luego pasamos a tomar café 100% descafeinado durante toda una semana. Después té Earl Grey sin teína durante una semana, seguido de té verde también sin teína. Tardamos un mes en conseguirlo, pero no sufrimos síndrome de abstinencia (dolor de cabeza, somnolencia, desorientación). Bueno...me pongo a temblar sólo de pensar en el 'mono' que nos podía haber dado.

5. O lanzarse de golpe

No somos todos iguales. Algunos investigadores han descubierto que contrariamente a lo que se piensa, hay gente a quien le resulta más fácil cambiar su estilo de vida si cambia muchos malos hábitos a la vez. Por ejemplo, el cardiólogo Dean Orsnich, un pionero en su campo, descubrió que afecciones cardíacas avanzadas podían ser revertidas, sin medicación o intervención quirúrgica, sólo con drásticos cambios en el estilo de vida de sus pacientes. Y descubrió que a estos últimos les era más fácil despedirse de golpe de casi todos sus malos hábitos. Los inscribió en unas sesiones de formación donde se sustituyó su dieta habitual, rica en grasa y colesterol, por una muy baja en grasas. El programa incluía ejercicio (es decir arrancarlos del sofá y obligarlos a caminar y correr), técnicas de reducción del estrés y otros hábitos beneficiosos para el corazón. Es increíble, pero en menos de un mes, estos pacientes abandonaron toda una vida de malos hábitos y adoptaron otros nuevos. Como resultado, su salud mejoró de forma espectacular en un año. En mi opinión, esto es una excepción, no es la regla. En todo caso, cada uno debe encontrar la estrategia que mejor le funcione.

Cuando era pequeño, mi familia iba de acampada a un lugar casi desconocido llamado Lake Rollins. El lago, situado cerca de las Sierras al norte de California, recibe el agua de los glaciares derretidos en las montañas del lago Tahoe. El agua está extremadamente fría. Durante nuestra estancia, mi padre se empeñaba en que hiciera esquí acuático en esa laguna polar. Me pasaba todo el día inquieto aguardando esa temida obligación de meterme en el lago helado. Me encantaba el esquí acuático, pero odiaba meterme en el agua fría. Un ligero conflicto de intereses, que por supuesto no podían ir por separado.

Mi padre se aseguraba de que no perdiera el turno, a veces físicamente me empujaba al agua. Tras una docena de segundos terribles de casi hipotermia, siempre terminaba encontrando el agua refrescante y tonificante. La expectativa de meterme en el agua era peor que la realidad de lanzarme dentro. Una vez que el cuerpo se aclimataba, el esquí acuático era una gozada. Sin embargo, el mismo ciclo de temor seguido de alivio se repetía una y otra vez.

Esa experiencia no es diferente de la de abandonar o cambiar un mal hábito. Durante un corto espacio de tiempo puede parecernos terrible, o al menos bastante incómodo. Igual que el cuerpo se adapta a un entorno cambiante mediante un proceso conocido como homeostasis, también contamos con una habilidad parecida para adaptarnos a los cambios de comportamiento que nos son desconocidos. Por lo general solemos amoldarnos física y psicológicamente a nuevas circunstancias rápidamente.

A veces no basta con meterse y ya está, no, a veces hay que lanzarse de lleno. Quiero que se pregunte: "¿dónde puedo empezar despacio y asumir mi propia responsabilidad? ¿Dónde puedo dar un salto mayor? ¿Dónde he evitado sentir molestias o incomodidad cuando en el fondo sé que me adaptaría enseguida si decidiera hacerlo sin pensarlo?

Un antiguo socio tenía un hermano alcohólico que bebía cerveza por un tubo, se metía siempre en peleas y era la animación de todas las fiestas. Bebía a la hora de comer, durante la cena y después también, y así todo el fin de semana sin parar. Un día, asistió a la boda de un antiguo compañero de la universidad y se encontró con el hermano del novio, que era diez años mayor que ellos, pero parecía diez años más joven. Le observó mientras bailaba, reía y disfrutaba en la boda emanando una vitalidad que él no había tenido en años. En ese mismo momento decidió que no volvería a probar una gota de alcohol. En cuanto se le pasó el mono, nunca más volvió a beber. Han pasado seis años y sigue sin hacerlo.

Cuando se trata de cambiar malos hábitos en el hogar, me lo tomo con calma (metafóricamente, sólo meto un dedo en el agua). Sin embargo, en mi vida profesional meterme de golpe me es mucho más eficaz. Tomármelo con calma no me suele funcionar cuando me entrego a un nuevo negocio, o trato con nuevos clientes potenciales, socios o inversores. En estos casos pienso en Lake Rollins y sé que es duro al principio, pero recuerdo que al cabo de poco tiempo la experiencia será estimulante y que el malestar temporal habrá merecido la pena.

Controle los vicios

No estoy sugiriendo que elimine todo lo "malo" de su vida. Todo es bueno con moderación. Pero ¿cómo puede identificar cuando un mal hábito empieza a controlarle? Yo soy partidario de poner a prueba mis vicios. De vez en cuando me embarco en lo que llamo "ayunar de vicios". Elijo uno en concreto y compruebo si en esa particular relación todavía soy yo quien manda. Mis vicios son el café, el helado, el vino y las películas. Ya le he contado mi obsesión con el helado. Con respecto al vino, quiero asegurarme de que cuando bebo lo disfruto o celebro algo, y no que estoy ahogando en él mi mal humor.

Cada tres meses elijo un vicio y me abstengo de él durante treinta días (probablemente esté influido por la Cuaresma, presente en mi educación católica). Me encanta demostrarme a mí mismo que todavía mantengo el control. Póngalo en práctica usted también. Elija un vicio, algo que haga con moderación, pero que no le aporta mucho, y embárquese en un ayuno de treinta días. Si le resulta muy difícil abstenerse durante ese tiempo, puede haber encontrado un hábito que es mejor eliminar completamente de su vida.

Innovaciones en el juego: seis técnicas para instaurar buenos hábitos

Ya le he ayudado a eliminar las malos hábitos que le llevaban en la dirección equivocada, ahora necesitamos crear nuevas opciones y comportamientos que finalmente le conduzcan a sus mayores anhelos. Eliminar malos hábitos significa librarse de algo rutinario. Instaurar hábitos nuevos y más eficaces requiere habilidades diferentes. Se debe plantar el árbol, regarlo, abonarlo y asegurarse de que está bien arraigado. El proceso exige esfuerzo, tiempo y práctica. A continuación le describo mis técnicas favoritas para establecer buenos hábitos.

John C. Maxwell, un experto en liderazgo, decía: "nunca cambiará su vida a menos que cambie algo que haga diariamente. El secreto del éxito se encuentra en la rutina diaria". Los trabajos de investigación muestran que para que un nuevo hábito se convierta en una práctica involuntaria debe reafirmarse positivamente trescientas veces (eso supone casi un año de práctica diaria). Afortunadamente, como explicábamos anteriormente, sabemos que tenemos una mayor posibilidad de consolidar un nuevo hábito en nuestra vida si nos esforzamos a conciencia durante tres semanas. Significa que si prestamos una atención especial a una nuevo hábito diario durante tres semanas, tenemos más probabilidades de convertirlo en una práctica para el resto de nuestra vida.

La verdad es que podemos cambiar un hábito en un segundo, o podemos pasar diez años intentando erradicarlo. La primera vez que tocó un horno caliente, supo instantáneamente que no lo convertiría en un hábito. La impresión y el dolor fueron tan intensos que cambió su percepción para siempre; supo que sería consciente del peligro de los hornos calientes para el resto de su vida. La clave está en tomar conciencia, si realmente desea mantener una buen hábito debe prestarle atención al menos una vez al día y de esa forma es más probable que lo consolide.

1. Prepararse para triunfar

Los nuevos hábitos deben encajar en su vida y modo de vivir. Si se apunta a un gimnasio que está a 50 kilómetros de su casa, seguro que no va. Si es una persona nocturna y el gimnasio cierra a las 6 de la tarde, no le convendrá. En definitiva, el gimnasio tiene que estar a mano y ser adecuado a su horario. Si desea perder peso y comer sano, tendrá que asegurarse de que el frigorífico y la despensa contienen opciones sanas. ¿Quiere evitar atiborrarse de chucherías de la máquina expendedora cuando le entre hambre a media mañana? Pues tenga frutos secos y otras opciones sanas en el cajón del escritorio. Cuando nos da un ataque de hambre solemos lanzarnos a comer hidratos de carbono de bajo poder nutritivo. Una estrategia que utilizo es tener proteínas a mano. Cocino un montón de pollo el domingo y lo dejo empaquetado, listo para el resto de la semana.

Mi adicción al correo electrónico es uno de mis peores hábitos, es perjudicial y afecta a mi atención. No es ninguna broma. Si no me propongo firmemente permanecer organizado y atento, puedo perder horas de concentración todos los días, inmerso en el torrente de mensajes que inundan mi correo. Para establecer una disciplina alrededor de mi nuevo hábito (sólo mirar el correo tres veces al día), deshabilité las alarmas y las funciones de recepción automática y cierro el programa cuando no estoy en uno de esos tres espacios de tiempo asignados. Tengo que levantar muros alrededor de ese mal hábito que me absorbe tanto tiempo por temor a seguir cayendo en la tentación todo el día.

2. Añadir, no quitar

Cuando entrevisté a Montel Willian para *SUCCESS*, me habló de la dieta tan estricta que sigue a causa de una enfermedad que padece, esclerosis múltiple. Montel ha adoptado el "Principio de los complementos", en mi opinión, una herramienta muy eficaz para cualquiera que se fije objetivos.

Me explicó que no se trata de lo que excluyes de tu dieta, sino de lo que añades en su lugar. Esta analogía la aplica a todos los aspectos de su vida. En lugar de pensar en alimentos que debe excluir de su dieta (p.ej. "No puedo comer una hamburguesa, chocolate o lácteos"), piensa en alimentos que puede comer (p.ej. " Hoy comeré ensalada, verduras al vapor y unos higos frescos). Se centra en aquello que puede tener y por tanto no presta atención a lo que no puede. En lugar de centrarse en lo que tiene que sacrificar, Montel piensa en lo que puede "añadir". El resultado es mucho más eficaz.

Un amigo mío quería abandonar el mal hábito de ver demasiada televisión. Para ayudarle, le pregunté qué le gustaría hacer con tres horas libres de su tiempo, si las tuviera. Me respondió que le gustaría jugar más con sus hijos. También le pedí que eligiera una afición que deseara desarrollar. Eligió la fotografía y como le encanta la tecnología, se compró un equipo de edición muy sofisticado, que acarreaba bien contento cuando salía de excursión con su familia a para sacar buenas fotos de sus hijos. Después, por la tarde, pasaba horas y horas editando y componiendo presentaciones de diapositivas y álbumes de fotos para el disfrute familiar. Terminaron pasando más tiempo juntos, riéndose y recordando cuánto se habían divertido. Como se centró tanto en la fotografía, ya no tenía tiempo, ni inclinación, para ver la televisión por la noche. La había utilizado para evadirse porque era una forma sencilla de escapar mentalmente del estrés laboral. Al sustituir la televisión con nuevos hábitos (jugar con sus hijos, dedicarse a la fotografía) descubrió aficiones mucho más impactantes y enriquecedoras.

¿Qué puede "añadir" para enriquecer su estilo de vida?

3. Hacer una demostración pública de responsabilidad
Visualice la ceremonia oficial de toma de posesión de un

político: "juro solemnemente..." y luego viene el discurso donde te cuenta que las promesas de la campaña electoral se convertirán en realidad. Cuando esas afirmaciones son del dominio público, ese individuo sabe que le haremos responsable de las acciones que traicionan sus promesas o le elogiaremos por su avance hacia los objetivos marcados.

¿Quiere consolidar ese nuevo hábito que ha elegido? Pida al Gran hermano que le vigile. Nunca había sido tan fácil como ahora, con todos esos medios sociales a nuestra disposición. Me contaron la historia de una mujer que decidió controlar sus finanzas mediante una bitácora (o blog) de sus gastos diarios. Invitó a su familia, amigos y compañeros del trabajo a que vieran cómo gastaba y al encontrarse bajo el escrutinio de tanta gente se volvió más responsable y disciplinada con sus finanzas.

En una ocasión, ayudé a una compañera a dejar de fumar diciendo a todo el mundo en la oficina: "¡Atención! Elena ha decidido dejar de fumar, ¿no es estupendo? acaba de fumarse el último cigarro". A continuación colgué un calendario enorme en la sección donde trabajaba. Cada día que pasaba sin fumar, Elena pintaba una gran X roja en el calendario. Los compañeros lo observaron y empezaron a animarla y así se acumuló una cola de X rojas en la lista, que cobró vida por sí misma. Elena no quería decepcionar a la lista, a sus compañeros o a ella misma. ¡Pero si que decepcionó a los cigarros, pues dejó de fumarlos!

Dígaselo a su familia y amigos. Publíquelo en Facebook y Twitter. Haga circular la noticia de que ahora manda otro y que ese otro es usted.

4. Buscar el apoyo de un amigo
Hay pocas cosas con tanto empuje como dos personas

agarradas del brazo encaminándose a una meta. Para aumentar su posibilidad de triunfar, búsquese un amigo, alguien ante el que tenga que rendir cuentas, alguien que le ayude a consolidar sus nuevos hábitos y al que pueda devolver el favor. Yo, por ejemplo, tengo lo que llamaría un "colaborador de rendimiento máximo". Todos los viernes a las 11 de la mañana en punto hacemos una llamada de treinta minutos en la que intercambiamos información de nuestros altos y bajos, soluciones y aclaraciones. Solicitamos del otro las opiniones necesarias y nos rendimos cuentas mutuamente. Puede buscarse un amigo para pasear, correr o ir al gimnasio, o bien para intercambiar y charlar de libros de desarrollo personal.

5. Competición y camaradería

No hay nada como un concurso amistoso para estimular el espíritu competitivo y sumergirle en los nuevos hábitos a lo grande. El Dr. Mehmet Oz me dijo en una entrevista: " si camináramos mil pasos más al día, cambiaríamos nuestras vidas". VideoPlus, la compañía matriz de *SUCCESS*, organizó una competición de recuento de pasos con podómetros ajustables al calzado. Me sorprendió mucho que individuos que nunca habían hecho ejercicio por su propia salud o beneficio, de repente caminaran seis, ocho o diez kilómetros al día. A la hora de comer paseaban en el aparcamiento y si tenían una reunión por teléfono, lo hacían desde el móvil a la vez que caminaban. La competición les motivó a encontrar formas de aumentar su actividad. Se registraban los pasos de cada uno y toda la oficina podía ver quién se rezagaba y quién avanzaba. Las anotaciones de pasos aumentaban todos los días.

En cuanto terminó la competición me quedé fascinado al observar que el recuento de pasos se vino abajo completamente, más del 60% en un mes. Cuando se volvió a organizar la competición el recuento de pasos se disparó otra vez. Sólo hacía falta un poco de competición para mantener los motores acelerados, y por si fuera poco, se fomentó un maravilloso espíritu de comunidad, experiencia compartida y camaradería.

¿Qué tipo de competición amistosa podría organizar con sus amigos, colegas o compañeros de equipo? ¿Cómo podría inyectar rivalidad divertida y espíritu competitivo en sus nuevos hábitos?

6. ¡Hay que celebrar!

Ya lo dice el refrán: "no por mucho madrugar amanece más temprano". Sólo trabajo, sin diversión, nos llega a aburrir y es la fórmula para sufrir una recaída. Debemos dedicar tiempo a disfrutar y celebrar los logros que vamos consiguiendo. No puede sacrificarse sin obtener beneficios. Debe premiarse cada mes, cada semana, cada día, aunque sea con algo insignificante, el caso es reconocer su esfuerzo por mantener un nuevo comportamiento. Puede ser un paseo, tomar un baño relajante o leer algo que le divierta. Para hitos más importantes, reserve un masaje, o vaya a cenar a su restaurante favorito. Y prométase una gran recompensa cuando consiga completar su hazaña.

Cambiar es difícil: ¡Yupi!

Hay algo común al 99% de los perdedores y triunfadores: todos odian hacer las mismas cosas. La diferencia es que los triunfadores las hacen de todos modos. Cambiar es difícil. Ese es el motivo por el que mucha gente no transforma sus malos hábitos y la razón por la que hay tantas personas infelices y con mala salud.

Lo que más me fascina de esta realidad es que si cambiar fuera fácil y todo el mundo lo pusiera en práctica, sería mucho más difícil para nosotros destacar y triunfar. Lo ordinario es fácil, lo extraordinario es lo que nos separa de la masa

Personalmente, las dificultades siempre me hacen feliz. ¿Por qué? Porque sé que la mayoría de la gente no se esforzará por superarlas y por lo tanto, es más fácil para mí ponerme al frente y tomar la iniciativa. Me encanta lo que dijo el doctor Martin Luther King Jr. con tanta elocuencia: "un hombre se mide no por dónde se encuentra en momentos de bienestar y comodidades sino por dónde se encuentra en momentos de reto". Cuando continuamos, a pesar de la dificultad, el cansancio y la adversidad, es cuando conseguimos mejorar y sacar ventaja en la competición. Aunque sea duro o tedioso, hágalo de todos modos. La perseverancia y la magia del efecto compuesto le recompensarán generosamente.

Tenga paciencia

Cuando abandone malos hábitos e introduzca otros nuevos, recuerde que debe tener paciencia. Si ha repetido el comportamiento que desea cambiar durante veinte, treinta o cuarenta años, o más, debe suponer que le llevará tiempo y esfuerzo antes de ver resultados duraderos. La ciencia nos enseña que los modelos de pensamiento y acción, repetidos muchas veces, crean un diseño neuronal, "surco cerebral" o conjunto de neuronas interconectadas que transmiten los modelos de pensamiento de un hábito concreto. Los hábitos se benefician de la atención. Cuando prestamos atención a nuestros hábitos, activamos el diseño neuronal, lo cual libera pensamientos, deseos y acciones relacionadas con ese hábito. Afortunadamente el cerebro es maleable. Si dejamos de prestar atención a nuestros malos hábitos, esos diseños neuronales se debilitan. Cuando formamos nuevos hábitos reforzamos los nuevos diseños neuronales con cada repetición, hasta que éstos dominan a los antiguos

Crear nuevos hábitos (y crear nuevos diseños neuronales) lleva tiempo. Tenga paciencia. Si pega un bajón, no le dé importancia (no se torture), y vuelva a la carga. No pasa nada, todos sufrimos contratiempos. Simplemente intente otra estrategia que refuerce su entrega y constancia. Si sigue insistiendo se beneficiará enormemente. A propósito de beneficios, en el siguiente capítulo es donde realmente empezamos a destacar entre la multitud, donde el efecto multiplicador toma realmente forma. Después de todo el disciplinado esfuerzo que ha aplicado siguiendo los principios de los tres primeros capítulos, es hora de obtener la recompensa. ¡Un gran momento!

Cómo beneficiarse del efecto compuesto

Resumen de acciones para practicar

↗ Identifique sus tres mejores hábitos (las que apoyan su objetivo más importante).

Identifique tres malos hábitos que le desvían del curso trazado para conseguir su objetivo más importante.

Identifique tres nuevos hábitos que necesita desarrollar para encaminarse hacia su objetivo más importante.

Descargue la hoja Hábitos (Habits) en

www.TheCompoundEffect.com/free

↗ Identifique su motivación esencial. Descubra qué le estimula y anima para conseguir grandes resultados. Descargue el documento Evaluación de valores esenciales (Core Values Assessment) en www.TheCompoundEffect.com/free

↗ Busque su motivación. Diseñe objetivos concisos, persuasivos, dignos de admiración. Descargue la hoja de objetivos en www.TheCompoundEffect.com/free

CAPÍTULO 4

MOMENTUM

Quiero presentarle a un buen amigo mío. Este amigo, que también es íntimo de Bill Gates, Steve Jobs, Richard Branson, Michael Jordan, Lance Armstrong, Michael Phelps, y de todos los grandes triunfadores, influirá en su vida como nadie. Quiero presentarle a Mo, o 'Gran Mo', como prefiero llamarlo. Gran Mo es sin lugar a dudas, uno de los impulsos más enigmáticos y poderosos del éxito. No podrá verlo o sentirlo, pero sabrá cuándo está a su lado. No puede esperar que Mo se presente en cualquier ocasión, pero cuando lo hace, puede catapultarle hasta las más altas esferas del éxito. Una vez que Mo esté de su lado, no habrá forma de que puedan alcanzarle.

Estoy emocionado con este capítulo. Cuando ponga en práctica las ideas esbozadas a continuación, su recompensa será mil veces mayor (o incluso más) que el precio de este libro. Fuera bromas, estas ideas son realmente GRANDIOSAS.

Aprovechar el impulso de Gran Mo

Supongo que no habrá olvidado del todo las clases de física del instituto, ¿verdad? Entonces se acordará de la primera ley de Newton, conocida como la Ley de la inercia: todo cuerpo permanece en su estado de reposo o de movimiento rectilíneo uniforme, a menos que otras fuerzas actúen sobre él. En otras palabras, los zánganos tienden a quedarse arrellanados en el sofá y los triunfadores (gente que se deja llevar por el ritmo del éxito) continúan trabajando duro y acaban triunfando cada vez más.

No es fácil generar el citado momentum, pero una vez que se consigue, ¡cuidado! ¿Recuerda cuando de niño jugaba en el carrusel del parque? Sus amigos se montaban en la plataforma giratoria, cargándola con su peso, y empezaban a corearle mientras usted empujaba para ponerlo en movimiento. La puesta en marcha era lenta. Ese primer paso, hacerlo arrancar, era la parte que exigía más esfuerzo. Tenía que empujar y tirar, hacía muecas, dejaba escapar gruñidos y empleaba a fondo su fuerza física. Un paso, dos pasos, tres pasos, y parecía que no conseguía nada. Finalmente, después de un prolongado y arduo esfuerzo, lograba un poco de velocidad y corría a la par del carrusel. Aunque ya se estaba moviendo (y sus amigos le seguían animando a voces), para lograr la velocidad que deseaba tenía que seguir corriendo cada vez más rápido, tirando del carrusel mientras corría con todo su ímpetu y al final, ¡lo conseguía! Se montaba de un salto y se unía a sus amigos, disfrutaba del viento en la cara y observaba el mundo exterior, convertido en una mancha de colores. Después de un rato, cuando el carrusel empezaba a perder velocidad, se bajaba y corría a su lado para acelerar de nuevo, o simplemente le pegaba un par de empujones y se montaba otra vez. Una vez que el carrusel giraba a toda marcha, el momentum –o impulso– tomaba el relevo y facilitaba que se mantuviera a esa velocidad.

Adoptar cambios es similar. Se avanza con un pequeño paso, una sola acción a la vez. La evolución es lenta, pero cuando un nuevo hábito aparece y se hace notar, Gran Mo se une a la fiesta. El éxito y los resultados se acumulan rápidamente. Vea la imagen 8.

Fig. 8

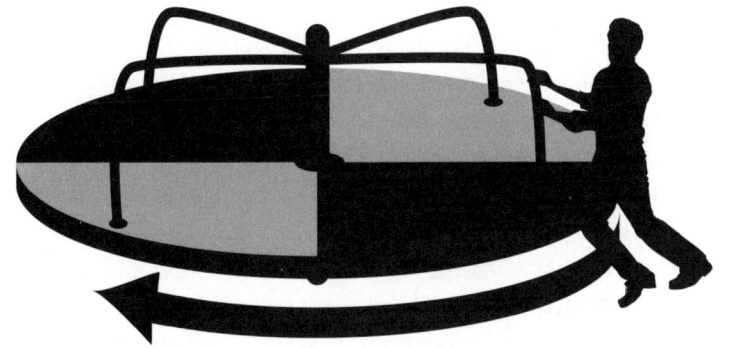

Se necesita tiempo y energía para que Big Mo aparezca, pero cuando lo hace, el éxito y los resultados se acumulan con rapidez.

Cuando se lanza un cohete al espacio sucede lo mismo. El trasbordador espacial utiliza más combustible durante los primeros minutos de vuelo que en el resto del viaje. ¿Por qué? Porque necesita liberarse de la fuerza de gravedad. En cuanto lo hace, puede deslizarse en la órbita. ¿Qué fue lo más difícil?

Despegar. Sus antiguos comportamientos y condicionamientos son como la inercia del carrusel o la fuerza de gravedad. Todo quiere permanecer en reposo. Necesitará mucha energía para vencer a la inercia y poner en marcha sus nuevas iniciativas. Pero en cuanto consiga ese momentum, será muy difícil frenarle, será casi invencible, y aunque con el tiempo se esfuerce mucho menos, logrará siempre mejores resultados. Se ha preguntado alguna vez por qué la gente con éxito tiende a atraer más éxito... enriquecerse más...ser más feliz...¿Será que los afortunados se vuelven más afortunados?

Tienen a Mo de su parte. Para ellos, cuando llueve, no sólo llueve, diluvia.

El momentum funciona en ambos lados de la ecuación, es decir, puede funcionar en su favor o en su contra. Como el efecto compuesto siempre está en marcha, si hay hábitos negativos sin controlar, puede generarse una energía que le conduzca hacia una espiral de circunstancias y consecuencias desafortunadas. Es lo que le ocurrió a nuestro amigo Bruno en el capítulo 1. El momentum negativo generado por sus malos hábitos fue la causa de que engordara quince kilos más y el motivo del estrés que afectó su trabajo y su matrimonio. La ley de la inercia dice que todo cuerpo en reposo tiende a permanecer en reposo (eso es el efecto compuesto funcionando en su contra). Cuanto más tiempo pase echado en el sofá viendo la comedia 'Dos hombres y medio', más difícil será ponerse en movimiento. Así que empiece ¡AHORA MISMO!

¿Qué puede hacer para que Mo venga a verle? Usted debe propiciarlo. Entrará en esa dinámica, en la "zona", si pone en práctica lo que hemos mencionado hasta ahora, es decir:

1)Tomar decisiones basadas en sus objetivos y valores esenciales

2)Poner en práctica esas elecciones mediante nuevos comportamientos positivos

3)Repetir esas acciones positivas durante el tiempo suficiente como para que se conviertan en hábitos

4)Introducir rutinas y ritmos en sus disciplinas diarias

5)Perseverar y ser constante durante un período de tiempo suficientemente largo

Y de repente, Gran Mo aparecerá aporreando su puerta (lo cual es bueno) y usted será prácticamente imparable.

Piense en el nadador Michael Phelps, ganador de ocho legendarias medallas de oro en los juegos olímpicos de Beijing. ¿Cómo lo hizo? Durante los doce años de entrenamiento con su preparador, Bob Bowman, Phels perfeccionó sus talentos. Juntos, desarrollaron rutinas y ritmos, una constancia de ejecución que preparó a Phelps para capturar el momentum en la situación adecuada, los Juegos Olímpicos. La relación casi simbiótica de Phelps y Bowman es legendaria por su alcance y ambición, pero también porque era totalmente previsible. Bowman exigía tal regularidad en los entrenamientos, que Phelp siempre recordará una ocasión en que Bowman le dejó terminar 15 minutos antes porque tenía que prepararse para un baile del colegio. ¡Fue la única vez en doce años! No me extraña que Phels fuera invencible en la piscina.

Es probable que usted tenga un iPod. ¿Se ha parado alguna vez a pensar en la evolución de ese aparatito hasta que llegó a su bolsillo? La empresa Apple ya existía mucho antes de lanzar los iPod. Aunque los ordenadores Mac siempre han tenido fieles seguidores, constituyen un porcentaje mínimo del mercado total de los PC. El iPod no era desde luego el primer reproductor mp3 a la venta y en ese sentido Apple se había quedado rezagada.

Sin embargo, contaban con algo que estaba de su parte: su esfuerzo constante por mantener la lealtad de sus clientes y una dedicación tenaz a la máxima calidad y los diseños innovadores sin complicaciones. Fabricaron un reproductor mp3 sencillo, moderno y fácil de usar, y lo promocionaron con campañas publicitarias ingeniosas y divertidas. Funcionó. Y provocó una reacción.

Sin embargo, el iPod no tuvo un éxito instantáneo. En 2001, el año en que Apple lanzó el producto al mercado, el crecimiento de sus ingresos había descendido de un 30%, alcanzado el año anterior, a un -33%. Al año siguiente, en 2002, también obtuvo un crecimiento de ingresos negativo del -2%, aunque en 2003 remontó hasta un 18%. En 2004 tuvieron un crecimiento del 33% y en 2005 atraparon a Mo. Apple se disparó y registró un crecimiento de ingresos del 68%. En la actualidad controlan el 70% del mercado de reproductores mp3. Como ya sabrá, desde entonces Gran Mo les ha ayudado a dominar el mercado de los teléfonos inteligentes con el iPhone, y el de distribución de música digital con iTunes. Este momentum también ha impulsado el resurgimiento de su mercado original, los ordenadores personales. Con Gran Mo de su parte, no me extrañaría nada que lograra una nueva expansión hacia otros mercados.

Durante un tiempo, Google era un pequeño buscador luchando por abrirse camino, hoy posee el 60 % de su mercado. YouTube, el espacio para compartir vídeos, se creó en febrero de 2005 y su lanzamiento oficial no tuvo lugar hasta noviembre de ese año. La gente no empezó a visitar este espacio masivamente hasta la presentación del corto digital "Lazy Sunday ", que había sido retransmitido en el programa estadounidense "Saturday

Night Live". A partir de ese momento, el corto de YouTube se hizo muy popular, y alcanzó más de 5 millones de visitas antes de que la NBC (empresa de televisión y radio) pidiera que lo retiraran. Para entonces ya habían despegado, tenían a Mo de su lado. En la actualidad YouTube posee más del 60% del mercado de vídeos. Y entonces Google se reunió con los dos jóvenes fundadores de YouTube y les pagó 1.650 millones de dólares por la compra de su Mo. ¡Impresionante!

¿Qué tienen en común Michael Phelps, Apple, Google y YouTube? La respuesta es que todos ellos hacían lo mismo antes y después de alcanzar su momentum. Sus hábitos, disciplinas, rutinas y constancia fueron la clave para desatar el momentum de cada uno de ellos. Y así fue cómo han sido invencibles desde que Gran Mo apareciera en su fiesta.

El poder de la rutina

Algunas de nuestras mejores intenciones fracasan porque no aplicamos una ejecución sistemática. Para que las nuevas actitudes y comportamientos provoquen auténticos cambios positivos deben ser incorporadas a las rutinas diarias, semanales y mensuales. Una rutina es una actividad que debe repetirse todos los días sin falta, hasta que (igual que uno se cepilla los dientes o se abrocha el cinturón) la ejecutamos involuntariamente. Es parecido a lo que ya tratamos en el capítulo sobre los hábitos; si se fija en algo en lo que haya triunfado, verá que seguramente desarrolló una rutina para ello. Las rutinas nos evitan el estrés, pues transforman las acciones en ejecuciones automáticas y eficaces. Para alcanzar nuevas metas y desarrollar nuevos hábitos es necesario crear nuevas rutinas que respalden sus objetivos.

Cuanto mayor sea el reto, más rigurosa debe ser la rutina. ¿Alguna vez se ha preguntado por qué los campamentos de entrenamiento militar son tan duros? En ellos, tareas menores como hacer la cama, sacar brillo a los zapatos o ponerse firme son actividades extremadamente importantes. Crear rutinas con el fin de preparar a los soldados para el combate es la manera más efectiva de potenciar un rendimiento eficaz, productivo y responsable bajo una presión muy intensa. Las rutinas, a primera vista tan simples, y creadas y desarrolladas durante los entrenamientos básicos, son tan exactas que, entre ocho y doce semanas, tímidos adolescentes de cuerpos flácidos y desaliñados se transforman en soldados delgados, seguros de sí mismos y motivados para realizar misiones. Estas rutinas se ensayan con tal precisión que los jóvenes cadetes son capaces de actuar con precisión instintivamente durante el caos del combate. Este nivel tan intenso de entrenamiento y práctica prepara a los soldados para cumplir con su deber, incluso ante la amenaza de una muerte inminente.

Ahora mismo, su vida diaria probablemente no sea tan peligrosa, pero sin unas rutinas adecuadas incorporadas a su calendario, los resultados de su vida pueden ser incontrolables e innecesariamente difíciles. Desarrollar una rutina de disciplinas diarias y previsibles le preparará para salir victorioso en el campo de batalla que es la vida.

El golfista Jack Nicklaus era famoso por la rutina que ejecutaba antes de sus golpes. Era muy minucioso con su "ritual": unos pasos mentales y físicos que le ayudaban a concentrarse y prepararse para cada golpe. Jack empezaba detrás de la bola, y luego elegía una o dos posiciones intermedias entre la bola y el objetivo. Mientras caminaba y se acercaba a la bola, lo primero que hacía era alinear la cara del palo con el objetivo intermedio. No ponía los pies en posición hasta asegurarse de que la cara del palo estaba preparada adecuadamente. Entonces adoptaba su posición, hacía oscilar el palo, miraba el objetivo, volvía a mirar el objetivo intermedio y el palo de golf, y repetía esta rutina. Sólo entonces golpeaba la bola.

En uno de los torneos más importantes (conocidos como 'Majors'), un psicólogo cronometró a Nicklaus desde que sacaba el palo de la bolsa hasta que golpeaba la bola. ¿Y sabe lo que descubrió? Para cada golpe, desde el primer hoyo hasta el "green" dieciocho, el tiempo que Jack dedicaba a su rutina no excedía apenas un segundo. ¡Sorprendente! El mismo psicólogo cronometró también a Greg Norman durante su desafortunada derrota en los Masters de 1996. ¡Quién lo iba a decir! La rutina de preparación para sus golpes se aceleró a medida que avanzaba el recorrido. La variación de la rutina frenó su ritmo y su constancia y no fue capaz de alcanzar el momentum. En cuanto cambió la rutina, la ejecución se volvió imprevisible y sus resultados irregulares.

Los pateadores (o *kickers*) del fútbol americano valoran mucho las rutinas previas a los saques, porque les permiten sincronizarse con las miles de veces que realizaron esa misma acción. De manera previsible, si no ejecutan esa rutina previa al saque, su rendimiento se resiente enormemente en momentos de presión. Los pilotos siempre realizan comprobaciones preliminares antes de despegar, aunque tengan miles de horas de vuelo y vayan a pilotar un avión que acaba de pasar una revisión de rendimiento tras su último viaje. Esta rutina prepara el avión, pero sobre todo ayuda al piloto a concentrarse y prepararse para su inminente tarea.

Me he fijado en que todos los triunfadores y empresarios con los que he trabajado no sólo tienen buenos hábitos, también han desarrollado rutinas para realizar disciplinas diarias necesarias. Es la única forma que tenemos de poder regular nuestro comportamiento de forma previsible. No hay otro modo. Una rutina diaria basada en buenos hábitos y disciplinas separa a los triunfadores del resto de la gente. Las rutinas tienen un poder enorme.

Antes de crear rutinas provechosas y efectivas, debe decidir primero qué comportamientos y hábitos desea instaurar. Revise los objetivos que se fijó en el capítulo 3, junto con los comportamientos que desea añadir y excluir. Ahora le toca ser Jack Nicklaus y encontrar su mejor rutina de preparación. Incluya componentes con un propósito preciso. En cuanto establezca una rutina, digamos por la mañana, quiero que se la tome muy en serio hasta nuevo aviso. Se levantará y la pondrá en práctica sin rechistar. Si le interrumpen, empiece de nuevo para consolidar los cimientos de las acciones que vienen a continuación.

Planificar el principio y el final del día

La clave para llegar a ser el número uno en todo lo que se proponga reside en preparar su rendimiento en torno a rutinas de primera clase. Predecir o controlar lo que puede pasar a lo largo de su jornada laboral es difícil, incluso inútil. Sin embargo, casi siempre puede controlar cómo va a empezar y finalizar el día. Yo tengo rutinas para ambos momentos. Compartiré con usted aspectos de cada una para darle ideas y ayudarle a entender mejor el poder y la importancia de convertir los nuevos comportamientos en rutinas disciplinadas. Personalmente, estructuro mis comportamientos y rutinas de acuerdo con los objetivos que tengo en mente. Quizás compartir lo que funciona para mí le ayudará a identificar estrategias que le gustaría probar...

¡Arriba y a espabilarse!

Mi rutina mañanera equivale al ritual de preparación de Jack Nicklaus; me pone a punto para el resto del día. Como ocurre cada mañana, es fija y no tengo que pensar lo que voy a hacer. La alarma de mi iPhone suena a las 5 en punto (debo confesar que a veces son la 5.30 a.m.) y pulso el botón 'Posponer'. Sé que tengo ocho minutos hasta que vuelva a sonar. ¿Por qué ocho minutos? No tengo ni idea, pregúnteselo a Steve Jobs, él lo programó. Durante esos ocho minutos hago tres cosas: primero pienso en todo aquello por lo que debo dar gracias. Para mí es una forma de crear armonía mental con la riqueza. El mundo parece, actúa y responde de forma diferente cuando uno empieza el día con un sentimiento y una inclinación hacia la gratitud por lo que ya se tiene. En segundo lugar, y puede que le parezca un poco extraño, transmito mi amor a alguien. Para recibir amor hay que darlo, y una de las cosas que más deseo es amor. Para transmitir amor pienso en una persona (puede ser un amigo, un familiar, un compañero de trabajo o simplemente alguien que acabo de conocer en el supermercado, no importa) y le envío mi cariño, imaginando todo lo que deseo y espero para ella. Algunos lo interpretan como una bendición u oración, yo lo llamo una carta mental de amor. En tercer lugar, pienso en mi objetivo número uno y decido qué tres cosas voy a aportar ese día para acercarme a su consecución. Por ejemplo, ahora mismo mi objetivo número uno es profundizar en el amor e intimidad de mi matrimonio. Cada mañana planifico tres cosas que puedo hacer para asegurarme de que mi esposa se siente amada, respetada y bella. Cuando me levanto, pongo la cafetera y mientras sale el café hago estiramientos durante unos diez minutos, algo que aprendí del Dr. Oz, el famoso cirujano. Si siempre hace ejercicios de levantamiento de pesas, como yo, los músculos se agarrotan. La única forma de incorporar estiramientos era convertirlo en una rutina. Tenía que buscar un hueco en mi agenda y el tiempo de espera por el café me pareció tan aceptable como cualquier otro.

Tras realizar los estiramientos y después de servirme una taza de café, me siento en un cómodo sillón reclinable de cuero, pongo mi iPhone para que suene en treinta minutos (ni más, ni menos) y leo algo positivo e instructivo. Cuando suena la alarma, paso a ocuparme de mi proyecto más importante y trabajo en él durante una hora, dedicándole atención plena y sin distracciones (observe que todavía no he abierto el correo electrónico). Luego, todas las mañanas a las 7 en punto tengo lo que llamo mi 'cita de calibración', una rutina recurrente en mi calendario, en la que paso quince minutos evaluando el día. Ese es el momento en que doy un repaso a mis tres objetivos principales a tres años y a cinco años vista, a mis objetivos clave trimestrales y a mi objetivo principal semanal y mensual. La mayor parte de esta 'cita de calibración' la empleo en revisar (o establecer) mis tres prioridades más preciadas o MVP (Most Valuable Priorities) para ese día. Para ello me pregunto: "si sólo hiciera tres cosas hoy, ¿qué acciones obtendrían el mejor resultado para acercarme a mis grandes objetivos?" Luego, y sólo entonces, abro el correo electrónico y envío un montón de tareas y delegaciones para que el resto de mi equipo empiece su jornada. Después cierro rápidamente el correo y me pongo a trabajar en mis MVP.

El resto del día puede desarrollarse de mil formas diferentes, pero siempre y cuando realice mi rutina mañanera, la mayoría de las disciplinas clave que necesito practicar están atendidas y me siento con las bases necesarias y preparado para rendir a un mayor nivel que si hubiera empezado el día de forma desordenada.

Dulces sueños

Por la noche me gusta "hacer caja", algo que aprendí en mi época juvenil como camarero. Antes de ir a casa teníamos que hacer caja, lo cual significaba entregar todos los recibos, pagos con tarjeta y dinero en efectivo. Tenía que cuadrar, si no, había problemas.

Es importante "hacer caja" y evaluar el rendimiento diario de su jornada. ¿Cómo se ha desarrollado ese rendimiento comparado con el plan trazado para el día? ¿Qué se debe transferir al plan de mañana? ¿Qué es necesario añadir, después de ver como funcionó ese día? ¿Qué elementos ya no son importantes y deben ser eliminadas de la rutina? Además, me gusta anotar en mi diario nuevas ideas, aclaraciones y conocimientos aprendidos durante la jornada. Así es cómo he recopilado más de cuarenta cuadernos llenos de ideas, puntos de vista y estrategias increíbles. Finalmente, me gusta leer al menos diez páginas de un libro inspirador antes de dormirme. La mente sigue procesando la última información recibida antes de acostarse, con lo cual procuro centrar mi atención en algo constructivo y útil que contribuya al avance de mis objetivos y ambiciones. El día se puede desarrollar con todo tipo de caos o confusión, pero yo mantengo el control sobre su principio y su final. Así siempre sé que empiezo y termino el día de manera productiva.

Cambiar la rutina

De vez en cuando me gusta interrumpir la rutina, de lo contrario nos anquilosamos y nos estancamos. Un ejemplo claro es hacer ejercicio con pesas. Cuando entreno de la misma forma, practicando repetidamente los mismos movimientos semana tras semana, mi cuerpo parece dejar de beneficiarse. Me aburro, pierdo mi entusiasmo y Gran Mo desaparece. Por eso es importante enfrentarse a nuevos retos y actualizar las experiencias.

Ahora mismo me estoy esforzando por introducir algo más de aventura en mi vida. Establezco objetivos semanales, mensuales y anuales para hacer algo que habitualmente no haría. Normalmente no es nada del otro mundo: probar comidas diferentes, asistir a una clase de algo, visitar un lugar diferente, apuntarme a algún club para conocer a gente nueva. Este cambio de ritmo me hace sentir vivo, me ayuda a recuperar el entusiasmo y me ofrece oportunidades para perspectivas innovadoras.

Observe sus rutinas. Si hay algo que solía estimularle pero se ha vuelto monótono o no le proporciona resultados eficaces, cámbielo.

Marcar un patrón rítmico: encontrar una dinámica

En cuanto las disciplinas diarias se convierten en una rutina, queremos que la repetición de esos pasos cree un ritmo. Cuando las disciplinas y acciones encajan en un ritmo semanal, mensual, trimestral y anual, es como ponerle un cartel de bienvenida a Gran Mo.

Es como las ruedas de una locomotora de vapor. Cuando está en reposo, no cuesta mucho evitar que se mueva hacia delante; basta con una pequeña cuña de madera colocada debajo de la rueda delantera. Para poner los pistones en marcha y generar una serie de conexiones que muevan las ruedas hace falta una cantidad increíble de vapor. Es un proceso lento, pero en cuanto empiezan a rodar, las ruedas incorporan un ritmo. Si la presión se mantiene constante el tren gana impulso y ¡ya puede tener cuidado! A una velocidad de 90 kilómetros por hora, el tren puede chocar contra un muro de hormigón de metro y medio, reforzado con acero, y seguir su trayectoria. Visualizar su éxito como una locomotora imparable puede ayudarle a mantener el entusiasmo e incorporar su propio ritmo. Vea la imagen 9.

Fig. 9

Cuando sus disciplinas y acciones desarrollan un ritmo, es
como darle la bienvenida a Big Mo.

Además de mis ritmos diarios también hago planes futuros.
Por ejemplo, con respecto a mi objetivo de profundizar en el
amor e intimidad de mi matrimonio, he diseñado un programa
de ritmo semanal, mensual y trimestral. Ya sé que no suena
muy romántico, pero tendemos a pasar por alto aquello que no
apuntamos en la agenda, aunque sea prioritario para nosotros,
¿no es cierto? No es que lo ignoremos completamente, pero no
lo hacemos con la regularidad necesaria para que adquiera un
ritmo.

Funciona así. Todos los viernes por la noche, mi mujer y yo
los dedicamos a una "cita romántica" y salimos o hacemos algo
especial juntos. Nuestros iPhones están sincronizados y a las

Fig. 10

Registro del ritmo semanal [EJEMPLO] (Weekly Rhythm Register)

Comportamiento/Acción	Lu	Ma	Mi	Ju	Vi	Sá	Do	Logrado	Objetivo	No logrado
3 llamadas extra	X			X	X			3	5	<2>
3 presentaciones extra		X		X				2	3	<1>
30 minutos de ejercicio cardiovascular		X			X			2	3	<1>
Sesiones de ejercicios con pesas	X	X		X				3	3	☺
Leer 10 páginas de un buen libro	X	X		X	X			4	5	<1>
Escuchar 30 minutos de un grabación instructiva	X	X	X			X		4	5	<1>
2 litros de agua		X	X	X		X	X	5	7	<2>
Tomar un desayuno saludable	X	X		X		X		4	7	<3>
Dedicar tiempo a los niños	X			X		X		3	4	<1>
Tener una velada especial con mi pareja					X			1	1	☺
Tiempo para orar/meditar		X	X				X	3	5	<2>
Escribir un diario	X		X		X	X	X	5	5	☺
						TOTAL	39	53	<14>

Comprometerse significa hacer realmente y de forma constante lo que dijo que haría, incluso después de perder el entusiasmo inicial que le impulsó a decirlo.

Fechas De _____ A _____

6 de la tarde, pase lo que pase, una alarma suena para indicar el inicio de nuestra velada especial. Los sábados son para la familia, lo cual significa olvidarse del trabajo. Básicamente, desde el viernes por la tarde hasta el domingo por la mañana dedicamos todo el tiempo a nuestra familia y relación de pareja. Si no se crean esos límites, los días tienden a sucederse sin más. Y desafortunadamente ahí es cuando solemos dejar de lado a los seres más importantes.

Todos los domingos por la noche, también a las 6 de la tarde, hacemos una evaluación de nuestra relación. Es una práctica que aprendí de unos expertos en relaciones personales, Lynda y Richard Eyre, durante una entrevista para el ejemplar audio de *SUCCESS* en octubre de 2009. Mi mujer y yo aprovechamos ese momento para hablar de los altos y bajos de la semana, y de los ajustes que necesitamos introducir en nuestra relación. Iniciamos la conversación con un intercambio de elogios, es decir, acciones que hemos valorado en el otro durante la semana (siempre ayuda empezar con algo bueno). A continuación, según la idea que me dio Jack Canfield en una entrevista, nos preguntamos qué puntuación, en una escala del uno al diez (siendo diez la máxima), asignaríamos a nuestra relación personal esa semana. Esto nos lleva de manera natural a tratar los altos y bajos que ha habido. Luego acordamos los ajustes que debemos introducir tras responder a la siguiente pregunta: ¿qué habría que hacer para llegar a un diez? Al final de la conversación nos sentimos comprendidos y valorados, y hemos expresado observaciones y deseos para empezar una nueva semana. Es un proceso increíble. Se lo recomiendo seriamente… ¡si se atreve!

Todos los meses Georgia y yo programamos una actividad única y memorable. Jim Rohn me enseñó que la vida se compone de experiencias, por lo que nuestro objetivo debe ser aumentar la frecuencia e intensidad de las buenas. Una vez al mes probamos una actividad que nos produzca una experiencia intensa y memorable: una excursión a la montaña, una caminata arriesgada, una visita a un restaurante de moda en Los Ángeles, una salida en barco por la bahía, etc. Puede ser cualquier actividad fuera de lo corriente que intensifique una experiencia y deje un recuerdo inolvidable.

Cada tres meses planeamos una escapada de dos o tres días. Me gusta evaluar trimestralmente mis objetivos y forma de vida, y éste es el momento ideal para examinar el estado de nuestra relación. También tenemos un viaje especial de vacaciones, las vacaciones tradicionales, y nuestra caminata de año nuevo y el ritual para establecer objetivos. Como podrá ver, cuando todo está programado, no es necesario pensar en lo que se debe hacer. Todo ocurre de forma natural. Se crea un ritmo que nos proporciona momentum.

Registrar su ritmo

Quiero compartir con usted un método creado por mí mismo para controlar el ritmo de un comportamiento nuevo. Lo denomino el registro del ritmo y creo que le resultará de gran ayuda. Si decide introducir un comportamiento nuevo para avanzar hacia sus objetivos (beber más agua, caminar más, ser más afectuoso con su pareja, etc.), deberá controlarlo para verificar que se está creando un ritmo. Vea la imagen 10. Puede descargar gratuitamente una copia del documento en www.TheCompoundEffect.com/free.

Los ritmos de la vida

Cuando la gente emprende una tarea nueva, casi siempre pone demasiado empeño. Por supuesto quiero que se sienta motivado para establecer un ritmo para el éxito, pero necesita un programa que pueda seguir verdaderamente, a largo plazo y sin cuestionarlo. No quiero que piense en los ritmos que puede marcarse para esta semana, mes, o incluso para los próximos tres meses, quiero que piense en lo que puede hacer para el resto de su vida. El efecto compuesto (los resultados positivos que quiere sentir en su vida) será el resultado de elecciones (y acciones) repetidas constantemente. El éxito llega cuando se dan los pasos adecuados con regularidad. Si se empeña en hacer mucho demasiado pronto, prepárese a fracasar.

Un amigo de nuestro equipo en *SUCCESS* (que prefiero dejar en el anonimato) decidió ponerse en forma después de verse en una foto suya que publiqué en Twitter. Esta decisión suponía un cambio enorme en su estilo de vida. En el trabajo pasaba sentado al menos doce horas al día y odiaba el ejercicio. En el pasado nos contaba que evitaba usar platos o acceder a según que archivos si tenía que agacharse o inclinarse para cogerlos, tanta era su aversión por la actividad física. Aún así tomó la determinación de ponerse en forma. Se apuntó a un gimnasio, contrató a un entrenador personal y empezó a entrenarse dos horas al día cinco días a la semana. "Ricardo" (supongamos que se llama así), le dije, "lo que estás haciendo es un error. No vas a poder mantener ese nivel de entrega y al final te darás por vencido". Me replicó que había cambiado para siempre y que su entrenador le había recomendado este tremendo empujón. "Estoy totalmente entregado", me dijo. "Quiero ver mis abdominales".

"Ricardo, ¿cuál es tu verdadero objetivo?", le pregunté. Sabía que desde luego no era salir en la portada de la revista 'Men's Fitness'.

Me dijo que quería estar esbelto y sano. Cuando le pregunté el motivo, me respondió que quería tener vitalidad y vivir lo suficiente para conocer a sus nietos. Esos motivos eran reales y significativos. Ricardo deseaba algo duradero, una dedicación al ejercicio a largo plazo, no una solución rápida para lucir tipo en la playa.

"De acuerdo", le dije, "me has convencido, pero creo que te estás excediendo. Dentro de dos o tres meses, un día vas a decir que ya no dispones de dos horas para entrenar y dejarás de hacer ejercicio. Va a ocurrirte lo mismo una y otra vez. Los cinco días de entrenamiento se convertirán en dos o tres, te desanimarás y tirarás la toalla. Ya sé que ahora mismo estás muy animado, así que ¿por qué no haces lo siguiente? Por ahora sigue con dos horas de ejercicio al día, cinco veces por semana (recuerde, para que las ruedas puedan vencer a la fuerza de la inercia hace falta mucho vapor), pero no lo mantengas más de dos o tres meses. Luego, quiero que lo reduzcas a una hora o una hora y quince minutos. Puedes seguir haciéndolo cinco días a la semana, pero yo te animaría a que hicieras solamente cuatro. Haz lo mismo durante dos o tres meses. Después quiero que te plantees una hora al día, tres veces por semana como mínimo, o cuatro si te sientes muy dinámico. Este es el programa que te propongo, porque si te entregas a algo que no puedes mantener acabarás abandonándolo del todo".

Me costó mucho hacerle comprender este razonamiento, porque en ese momento estaba eufórico. Pensaba que sería capaz de mantener esa nueva rutina para el resto de su vida.

Para alguien que nunca ha hecho ejercicio, un programa de dos horas al día, cinco veces por semana es con toda seguridad un callejón sin salida. Debe crearse un programa que pueda mantenerse durante cincuenta años, no cinco meses. No tiene nada de malo entregarse un poco más a fondo al principio, pero una vez que se empiezan a ver resultados, es necesario disminuir el esfuerzo. Siempre se pueden dedicar cuarenta y cinco minutos o una hora, varias veces por semana, pero dedicar dos horas, cinco veces por semana, para que una rutina funcione, a la larga nunca resultará. Recuerde, la constancia es un componente decisivo del éxito.

El poder de la constancia

Ya he mencionado que mi habilidad para ser constante me proporciona una ventaja competitiva. Nada detiene a Big Mo más rápidamente que la falta de constancia. Esto puede afectar incluso a personas con gran entusiasmo, ambición y buenas intenciones. Sin embargo, es una herramienta muy eficaz que puede utilizar a su favor para iniciar el vuelo hacia sus objetivos.

Podemos ilustrarlo de la siguiente forma: imagine que usted y yo somos aviones volando de Los Ángeles a Manhattan, y usted hace escala en cada estado intermedio, mientras que yo hago un vuelo directo. Aunque usted volara a ochocientos kilómetros por hora y yo a trescientos, todavía le vencería. El tiempo y energía que supone aterrizar, despegar y volver a conseguir el momentum alarga el viaje diez veces más. Probablemente ni siquiera llegaría a su destino. Se quedaría sin combustible, energía, motivación, confianza, o fuerza de voluntad en algún punto de la ruta. Es mucho más fácil y requiere menos energía despegar y mantener una velocidad constante durante todo el viaje, aunque seamos más lentos que los demás.

El pozo accionado con bomba manual

Cuando se plantee disminuir la intensidad de su rutina y ritmos, tome en consideración el enorme coste de la falta de constancia. No es la pérdida de la acción en sí misma y los diminutos resultados que crea. Se trata del desmoronamiento absoluto y la pérdida de momentum que sufrirá todo su progreso.

Imagine un pozo de agua, equipado con una bomba manual, que utiliza una tubería para succionar el agua situada varios metros bajo tierra. Para conseguir que el agua llegue a la superficie, debe mover la palanca de arriba hacia abajo con el fin de crear la succión necesaria que hará que el agua ascienda y salga por el caño. Vea la imagen 11.

Fig. 11

Lá constancia es la clave para lograr y mantener el momentum.

Cuando la gente inicia una nueva tarea, agarran la palanca y empiezan a bombear con energía, como Ricardo con su plan de ejercicios, se emocionan y se entregan… bombean sin cesar pero después de unos minutos (o unas semanas), cuando no ven agua (resultados), dejan de bombear. No se dan cuenta de lo que cuesta crear el vacío necesario para que el agua llegue a la tubería y finalmente salga por el caño para llenar un cubo. Igual que el carrusel, el cohete espacial y la locomotora a vapor necesitan liberarse de la inercia, la bomba del pozo necesita tiempo, mucha energía y constancia para succionar agua. La mayoría de la gente abandona, pero los más sensatos siguen bombeando.

Los que perseveran y siguen bombeando con la palanca obtendrán finalmente unas gotas de agua. Es cuando mucha gente dice: "debes estar de broma, ¿todo ese trabajo para esto, unas miserables gotas? ¡Ni hablar!" Muchos tiran la toalla, pero la gente sensata persiste.

Es aquí donde sucede algo mágico. Si sigue bombeando, no tardará mucho en obtener un chorro continuo de agua. ¡Ya tiene su triunfo! Ahora que el agua fluye, no es necesario bombear tan enérgicamente o tan deprisa. De hecho, llega a ser una tarea fácil. Todo lo que debe hacer para mantener la presión constante es bombear continuamente. Ese es el efecto compuesto.

¿Qué ocurre si suelta la palanca demasiado tiempo? El agua desciende al suelo y hay que empezar el proceso otra vez de cero. Si intenta bombear de forma constante y sin forzar, no obtendrá agua. Mo se ha ido y el agua está en el fondo, y la única manera de volver a tener agua es empezar a bombear enérgicamente otra vez. Así es como vivimos la mayoría, con arrebatos de actividad. Iniciamos un negocio y suspendemos las vacaciones. Empezamos con una rutina de diez llamadas a clientes potenciales al día, tenemos un poco de éxito, y luego cambiamos la marcha a punto muerto. Nos entusiasmamos con la nueva rutina de programar "una cita romántica" con nuestra pareja los viernes por la noche, pero después de unas semanas volvemos al canal de películas y las palomitas de maíz en casa. Veo a gente comprar un libro, apuntarse a un nuevo programa o seminario y estar entusiasmadísimos durante un par de semanas o meses. Luego abandonan y vuelven al punto de partida. ¿Le suena?

Deje de hacer algo durante un par de semanas (ejercicio en el gimnasio, gestos afectuosos hacia su pareja, o llamadas a clientes potenciales que son parte de su plan) y verá que lo que pierde no son solamente los resultados que podrían haber producido esas dos semanas. Si perdiera sólo eso (que es lo que la mayoría de la gente cree), el daño no sería irreparable. Sin embargo, cuando aflojamos el ritmo, aunque sea por un período corto de tiempo, matamos a Mo. Ahí está la tragedia.

Para ganar la carrera lo que importa es el ritmo. Sea la tortuga, la persona que, si le dan suficiente tiempo, ganará cualquier competición como resultado de hábitos y comportamientos positivos aplicados constantemente. Eso es lo que pondrá el amuleto en su momentum. ¡Manténgalo ahí!

Elegir correctamente, mantener el comportamiento adecuado, practicar los hábitos perfectos, perseverar y mantener el momentum no es tan fácil, sobre todo en un mundo dinámico, sometido a cambios y retos constantes que compartimos con miles de millones de personas. En el siguiente capítulo, trataré sobre las numerosas influencias que casi sin darnos cuenta, pueden ayudarnos o dificultarnos la consecución del éxito. Estas influencias son penetrantes, persuasivas y constantes. Aprenda a utilizarlas correctamente, porque también pueden hacerle fracasar. Deje que le enseñe cómo hacerlo...

Cómo beneficiarse del efecto compuesto

Resumen de acciones para practicar

↗ Planifique unas rutinas para el principio y el final del día. Diseñe un programa de rutina de primera clase, a prueba de fracaso.

↗ Escriba una lista con tres aspectos de su vida en los que no es lo bastante constante. ¿Qué impacto ha tenido en su vida esa falta de constancia hasta ahora? Declare solemnemente que mantendrá firmemente su compromiso de ser constante.

↗ En el registro de ritmo, escriba seis comportamientos clave que le parezcan relevantes para conseguir sus nuevos objetivos. Deben ser comportamientos para los que desea incorporar un ritmo que con el tiempo genere momentum (Gran Mo). Descargue el registro de ritmo (the Rhythm Register) en www.TheCompoundEffect.com/free

CAPÍTULO 5

INFLUENCIAS

Espero que a estas alturas le haya quedado claro lo importante que son sus decisiones. Incluso las más insignificantes, porque una vez que se acumulan, pueden tener un efecto enorme en su vida. Ya hemos comentado que usted es responsable de su vida al 100%. Nadie más es el responsable de las elecciones y acciones que realiza. También debe darse cuenta de que sus elecciones, comportamientos y hábitos reciben la influencia de factores externos. La mayoría de la gente no es consciente del control que estos factores ejercen en nuestras vidas. Para mantener una trayectoria favorable hacia los objetivos marcados es necesario entender y controlar estas influencias, de manera que nos ayuden a conseguir lo que anhelamos en lugar de desviarnos del camino del éxito. Hay tres tipo de influencias que afectan a todo el mundo: información recibida (lo que alimenta muestra mente), relaciones (las personas con las que mantenemos contacto) y entorno (lo que nos rodea).

I. Información recibida: datos erróneos generan resultados erróneos

Si desea que su cuerpo rinda al máximo en una carrera tendrá que alimentarlo con nutrientes de máxima calidad y evitar la tentadora comida basura. De la misma forma, para que el cerebro funcione al máximo debe vigilar todavía más la información que recibe. ¿Está alimentándolo con resúmenes de noticias y embrutecedoras comedias televisivas? ¿Lee prensa sensacionalista o revistas como *SUCCESS*? El control de la información que recibimos tiene un efecto directo y palpable en la productividad y resultados que obtenemos.

Controlar lo que alimenta nuestro cerebro es muy difícil, porque gran parte de la información que absorbemos es involuntaria. Aunque también es verdad que podemos comer sin pensar, es más fácil prestar atención a lo que aportamos al organismo porque la comida no se introduce por sí sola en la boca. Con el cerebro es distinto, necesitamos estar mucho más alerta para evitar que absorba información irrelevante, contraproducente o totalmente destructiva. Ser selectivo y evitar la información que desbarate nuestro potencial y aptitudes creativas es una batalla sin fin.

El cerebro no está diseñado para hacernos felices. Su única prioridad es la supervivencia. Siempre está alerta ante señales de "escasez y agresión". El cerebro está programado para detectar lo negativo, bien sea el agotamiento de recursos, los temporales devastadores o cualquier elemento que pueda perjudicarle. Por consiguiente, cuando enciende la radio de camino al trabajo y escucha todas esas noticias sobre robos, incendios, ataques o la economía por los suelos, la alarma del cerebro se enciende y pasa el resto del día digiriendo un festín de miedos, preocupaciones y negatividad. Pasa exactamente lo mismo por la noche cuando ve el telediario después del trabajo. ¿Malas noticias otra vez? Perfecto. Su mente se pasará la noche cavilando sobre esta información.

Si por ella fuera, la mente se pasaría el día y la noche procesando información negativa, preocupante y aterradora. No podemos cambiar nuestro ADN, pero sí nuestro comportamiento. Podemos enseñar a la mente a ver más allá de la "escasez y la agresión". ¿Cómo? Protegiéndola y alimentándola correctamente, siendo disciplinados y asumiendo el control sobre la información que dejamos que reciba.

Para identificar la influencia que ejerce sobre usted la información y el entorno, complete la hoja sobre influencia de información recibida (Input Influence). La encontrará al final del libro o puede descargarla en www.TheCompoundEffect.com/free

---

No consuma agua sucia

Lo que conseguimos en la vida es lo que creamos nosotros mismos. Son nuestras expectativas las que alientan el proceso creativo. ¿Cuáles son las suyas? Usted esperará que suceda aquello en lo que está pensando. El proceso mental y la conversación interna que mantiene en su mente son el origen de los resultados que crea en la vida. Por lo tanto la cuestión es: *¿en qué está pensando?* ¿Qué es lo que influye y dirige sus pensamientos? La respuesta es: todo lo que se ha permitido oír y ver, es decir, la información con la que alimenta su cerebro. Vea la imagen 12.

La mente es como un vaso vacío, se llena con lo que vertamos en él. Si vierte noticias sensacionalistas, titulares obscenos o entrevistas vacías de contenido, está llenando el vaso con agua sucia. Si el agua de su vaso es oscura y está cargada de pesimismo y preocupación, todo lo que usted genere en la vida se filtrará por esa inmundicia, porque esos son sus pensamientos. La información errónea genera resultados erróneos.

Fig. 12

Sustituya lo negativo (agua sucia) con ideas positivas, inspiradoras y reconfortantes (agua limpia)

Todo ese cotorreo de la radio del coche sobre asesinatos, conspiraciones, muertes, economía y batallas políticas influye en su proceso mental, y a su vez en las expectativas y el resultado creativo final. Y eso no es NADA bueno. Sin embargo, igual que hacemos con un vaso sucio, podemos ponerlo bajo el grifo y limpiarlo para finalmente obtener un vaso lleno de agua pura y transparente. ¿Qué representa el agua limpia? Información e ideas positivas, inspiradoras y reconfortantes; historias de personas, que a pesar de los retos, superan obstáculos y alcanzan grandes logros; estrategias para conseguir éxito, prosperidad, salud, amor y alegría; ideas para enriquecerse, crecer, desarrollarse y mejorar; ejemplos y relatos sobre cosas buenas, justas y posibles que hay en el mundo. Por eso invertimos tanto esfuerzo en la revista *SUCCESS*. Queremos proporcionarle esos ejemplos e historias, facilitarle las claves para mejorar la perspectiva que tiene del mundo, de usted mismo y de los resultados que crea. Es también la razón por la que dedico treinta minutos a leer algo inspirador e instructivo todas las mañanas y todas las noches, o escucho los CD de desarrollo personal en el coche. Estoy lavando mi vaso y alimentando mi mente. ¿Tengo ventaja con respecto al individuo que se levanta y lee el periódico, escucha las noticias en la radio del coche y ve las noticias antes de acostarse? ¡Claro que sí! Y usted también puede beneficiarse de esa ventaja.

Paso 1: Póngase en guardia

A no ser que decida encerrarse en una cueva o escaparse a una isla desierta, tarde o temprano el agua sucia intentará llenar su vaso. Está en las vallas publicitarias, en los televisores de los bares y cafeterías o en los escandalosos titulares de la prensa sensacionalista apilada junto a la caja de las tiendas de comestibles. Incluso sus amigos, familiares y sus propias ideas negativas pueden verter agua sucia en su vaso.

Esto no significa que no podamos tomar medidas para limitar el contacto con toda esa suciedad. Quizás sea imposible evitar la prensa sensacionalista, apilada junto a la caja de la tienda, pero sí podemos cancelar la suscripción a esas revistas. Podemos negarnos a escuchar la radio al ir o al volver de trabajar, y en su lugar escuchar un CD instructivo e inspirador. Podemos apagar la tele y hablar con la familia. Podemos comprar un grabador de video digital (DVR) y grabar sólo los programas, que a nuestro juicio, son educativos o enfatizan aspectos positivos de la vida. Así tenemos la ventaja de poder pasar los anuncios, cuyo propósito es hacernos sentir inferiores o carentes de algo a menos que compremos más basura.

No crecí con mucha televisión. Recuerdo que veía el 'Equipo A' o el programa musical '*Solid Gold*' (¿le suena alguno?), pero la tele nunca fue un componente esencial de la vida familiar. Me las arreglé para crecer sin ella y eso me proporcionó la perspectiva tan clara con la que veo algún programa de vez en cuando. Cuando veo una comedia me río, claro que sí, pero después me siento empachado y poco nutrido, como si hubiera engullido comida basura. Y no deja de sorprenderme la forma en que los anuncios publicitarios explotan nuestra mentalidad, miedos, penas, necesidades y debilidades. Si vamos por la vida pensando que somos inferiores y que necesitamos comprar esto y lo otro y lo de más allá para dar la talla, ¿cómo podemos esperar que nuestros resultados sean asombrosos?

A modo de ejemplo: se calcula que los americanos (mayores de doce años) ven 1.704 horas de televisión al año, lo cual se traduce en un promedio de 4,7 HORAS al día. Pasamos el 30% del tiempo que estamos despiertos viendo la tele; casi treinta y tres horas por semana, es decir más de un día entero por semana y el equivalente a ¡dos meses enteros al año! ¡Y la gente todavía se pregunta por qué no progresa en la vida!

Reduzca su atención hacia los medios de comunicación

Los medios de comunicación nos manipulan. ¿Alguna vez

le ha retrasado un atasco en la autopista y se ha encontrado en una cola de tráfico que alcanza kilómetros y se ha preguntado cuál es la causa? Seguro que cuando se acerca al lugar del incidente ya no queda ningún obstáculo físico bloqueando el flujo de tráfico, porque el accidente ocurrió ya hace rato y desde entonces ya han despejado la autopista moviendo los restos al otro lado. En realidad, el tráfico avanza lentamente, a 5 km/h, porque hay gente curioseando. Seguro que le saca de quicio pero, ¿qué ocurre cuando usted pasa por el lugar del accidente? Hace lo mismo, reduce la velocidad, desvía su vista de la carretera y estira el cuello para mirar.

¿Por qué gente normal y respetable quiere ver algo trágico y grotesco? Se debe a nuestra herencia genética, la cual se remonta al instinto prehistórico de preservación. No lo podemos remediar, incluso si somos partidarios de evitar la negatividad, y hemos practicado ser decididamente positivos, cuando se trata de sensacionalismo nuestro instinto básico nos vence. Los medios de comunicación lo saben, conocen nuestra naturaleza mucho mejor que nosotros mismos. Por eso siempre han utilizado titulares impactantes y sensacionalistas para atraer nuestra atención. Pero en la actualidad no hay tres canales de noticias, hay cientos, y además emitiendo veinticuatro horas al día, los siete días de la semana. En lugar de un puñado de periódicos, ahora tenemos gran cantidad de portales disponibles en el ordenador o en nuestro teléfono. La competencia por conseguir nuestra atención nunca había sido tan fiera y los medios de comunicación anteponen continuamente el truco del sensacionalismo. Buscan los sucesos más atroces, escandalosos, delictivos, criminales, deprimentes y horribles que puedan ocurrir en el mundo cada día y los exhiben en los periódicos, canales de noticias y páginas web, incesantemente. A la vez, en esas mismas veinticuatro horas, suceden millones de acontecimientos maravillosos, estupendos e increíbles y de los cuales apenas nos cuentan nada. Al conectarnos a la negatividad fomentamos su demanda más y más. ¿Qué esperanza hay de que las noticias positivas puedan competir con esos índices de audiencia o el dinero de la publicidad?

Volvamos a la autopista. ¿Qué pasaría si en lugar de un accidente hubiera una deslumbrante puesta de sol? ¿Cómo reaccionaría el tráfico? He visto esta situación muchas veces; los coches pasan zumbando a toda velocidad.

El gran peligro de los medios de comunicación es que nos presentan una visión distorsionada de la realidad. Como su atención y mensajes insisten en lo negativo, eso es lo que nuestra mente empieza a creer. Esta vista deformada y limitada de lo que no va bien afecta seriamente nuestras posibilidades creativas. Puede ser muy debilitador.

Filtro personal para bloquear la basura

Tengo un método para salvaguardar mi mente y lo compartiré con usted. Eso sí, le advierto que es una dieta mental muy rigurosa. Este sistema me ha funcionado muy bien y en su caso puede adaptarlo a sus preferencias personales.

Habrá adivinado que no veo o escucho las noticias ni leo ningún periódico o revista. El 99% de las noticias no tienen que ver con mi vida personal o mis objetivos, sueños y ambiciones. He configurado un sistema de redifusión (RSS) para identificar las noticias y novedades que sí están relacionadas con mis objetivos e intereses directos. Las noticias que me interesan se filtran y por lo tanto no me entra barro en el vaso (metafóricamente hablando). Mientras la mayoría de la gente pasa horas leyendo basura que bloquea su pensamiento y le baja la moral, yo obtengo la información más provechosa cuando la necesito en menos de quince minutos al día.

Paso 2: Apúntese a la universidad sobre ruedas

Dejar de recibir información negativa no es suficiente. Para avanzar de manera positiva debe desechar lo malo y sustituirlo con algo bueno. Mi coche no arranca sin dos cosas: gasolina y una biblioteca de CD instructivos que escucho mientras conduzco. El americano medio conduce unos veinte mil kilómetros al año, lo cual supone trescientas horas que puede dedicar a limpiar su mente, (y en otros países se pasa una cantidad de horas similar en transporte público, las cuales pueden emplearse con el mismo propósito). Brian Tracy me enseñó el concepto de convertir el coche (o transporte público) en una escuela ambulante. Me explicó que si durante un año escuchamos un CD instructivo mientras conducimos (o mientras viajamos en transporte público) aprendemos el equivalente a dos semestres de una licenciatura superior universitaria. Piénselo, si utilizara bien el tiempo que ahora mismo pierde escuchando la radio mientras viaja, lograría el equivalente a un doctorado en dirección de empresas, éxitos de ventas, fomento de riqueza, calidad de relaciones interpersonales, o cualquier otro curso que elija. Esta dedicación, combinada con la rutina diaria de la lectura, le apartará de la mediocridad, pero recuerde, un solo CD, DVD o libro a la vez.

II. Relaciones: ¿quién le está influenciando?

Ya lo dice el refrán: "Dios los cría y ellos se juntan". La gente con la que solemos relacionarnos se denomina "grupo de referencia". Según las investigaciones del psicólogo social Dr. David McClelland de Harvard, el "grupo de referencia" determina el 95% del nuestro éxito o fracaso en la vida.

¿Con quién pasa más tiempo? ¿Quiénes son las personas a las que más admira? ¿Son esos dos grupos de personas exactamente iguales? Si no es así, ¿qué los diferencia? Jim Rohn me enseñó que nos convertimos en una combinación de las cinco personas con las que pasamos más tiempo. Rohn decía que podemos adivinar la calidad de nuestra salud, actitud e ingresos con tan sólo mirar a las personas que nos rodean. La gente con la que pasamos tiempo determina qué conversaciones atraen nuestra atención y a qué actitudes y opiniones estamos expuestos. Con el tiempo, empezamos a comer lo que comen, hablar como hablan, leer lo que leen, pensar lo que piensan, ver lo que ven, tratar a la gente del mismo modo, incluso vestir igual que ellos. Lo gracioso es que normalmente ignoramos estas similitudes entre nosotros y ese círculo de cinco personas.

¿Y cómo es posible que no nos demos cuenta? La razón es que la relación con ellas no supone un empujón violento en una dirección u otra, sino ligeros toquecitos a lo largo del tiempo. La influencia es muy sutil, es como estar tumbado en una colchoneta hinchable en el océano. Crees que flotas y permaneces en la misma posición, hasta que miras y te das cuenta de que una corriente moderada te ha desplazado ochocientos metros de la costa.

Piense en esos amigos suyos que suelen pedir entrantes grasientos y cócteles antes de cenar. Pase mucho tiempo con ellos y verá cómo acaba pidiendo nachos con queso y patatas con mayonesa, y bebiendo esa cerveza o copa de vino de más y todo por ponerse a su altura. Entretanto, esos otros amigos suyos piden platos sanos, hablan de libros inspiradores que están leyendo, o de sus ambiciones empresariales, y usted empieza a asimilar sus comportamientos y hábitos. Empieza a leer lo que leen, hablar de lo que hablan, ver las películas que les entusiasman, frecuentar los sitios que le recomiendan. La influencia que sus amigos ejercen sobre usted es sutil y puede ser positiva o negativa. En ambos casos, el impacto es increíble y potente. ¡Tenga cuidado! No puede relacionarse con gente negativa y esperar tener una vida positiva.

Por consiguiente, ¿cuál es la media combinada de ingresos, salud o actitudes de las cinco personas con las que pasa más tiempo? ¿Le asusta la respuesta? Si es así, lo mejor que puede hacer para aumentar las posibilidades de adquirir las características que desea es pasar la mayor parte de su tiempo con personas que ya las posean. Notará entonces que el poder de la influencia funciona a su favor, no en su contra. Los comportamientos y actitudes que les ayudaron a conseguir el éxito que admira empezarán a ser parte de su propia rutina diaria. Pase el suficiente tiempo con ellos y lo más seguro es que obtenga resultados similares en su vida.

Si todavía no lo ha hecho, apunte los nombres de esas cinco personas con las que se relaciona más. Escriba también sus principales características, positivas y negativas. No importa quiénes sean. Puede ser su pareja, un hermano, un vecino o su ayudante. Ahora calcule los promedios de su salud, situación financiera y relaciones. A la vez que mira los resultados, pregúntese: "¿estoy satisfecho con esta lista? ¿Es eso lo que quiero conseguir?

Es hora de volver a evaluar y priorizar a la gente con la que pasamos tiempo. Estas relaciones pueden alimentarnos, dejarnos 'muertos de hambre' o estancarnos. Ahora que ha empezado a considerar cuidadosamente con quién va a pasar más tiempo, vamos a indagar un poco más. Jim Rohn me enseñó que resulta eficaz evaluar y clasificar nuestras relaciones en tres categorías: disociaciones, relaciones limitadas y relaciones ampliadas.

 Para evaluar sus relaciones, complete la hoja de evaluación de relaciones (Association Evaluator) al final del libro. También puede descargarla en www.TheCompoundEffect.com/free

Disociaciones

Protegemos a nuestros hijos de las influencias a las que están expuestos y de las personas con las que se relacionan. Somos conscientes del efecto que pueden tener en ellos y las decisiones que pueden tomar como resultado. Creo que debemos aplicarnos este principio a nosotros mismos. No es nada nuevo: hay personas de las que es necesario apartarse totalmente. Dar este paso puede ser difícil pero es esencial. Debemos tomar una decisión difícil: evitar que las influencias negativas nos afecten. Tenemos que definir la calidad de vida que queremos tener y rodearnos de gente que representa y apoya esta visión.

Constantemente estoy excluyendo de mi vida a gente que se niega a madurar y vivir de una forma positiva. Cultivar y cambiar nuestras relaciones es un proceso vitalicio. Algunas personas opinan que soy demasiado riguroso, a mí me gustaría serlo incluso más. Tenía una relación comercial con alguien que me gustaba, pero cuando la economía se puso difícil su conversación se centraba casi siempre en lo mal que iban las cosas, el golpe tan duro que había recibido su empresa y lo difícil que sería remontar. Le dije: "tienes que dejar de hablar sobre lo mal que está la vida. Parece que estás reuniendo todos los datos que reafirman tu modo de pensar". Persistió en esa actitud de verlo todo más sombrío y desesperado de lo que realmente era y decidí que no tenía sentido hacer negocios juntos.

Cuando tome una decisión tan difícil para levantar una barrera entre usted y la gente que le debilita, se le enfrentarán, sobre todo los más cercanos. Su decisión de vivir una vida más positiva y orientada hacia un objetivo les devuelve la imagen de sus desafortunadas elecciones. Se sentirán incómodos e intentarán arrastrarle de nuevo a su nivel. Esta resistencia no significa que no le quieran o no le deseen lo mejor, en realidad no tiene nada que ver con usted. Tiene que ver con el temor y la culpabilidad por sus malas elecciones y falta de disciplina. Sepa que disociarse de esas personas no será una tarea fácil.

Relaciones limitadas

Hay gente con la que podemos pasar tres horas, pero no tres días. Con otros son tres minutos, pero no tres horas. Recuerde siempre que la influencia de las personas con las que se relacione es poderosa y sutil. Esa persona con la que está caminando puede determinar si el paso se frena o se acelera, literalmente y de forma figurada. De forma similar, no puede evitar que le afecten las actitudes, acciones y comportamientos dominantes de las personas con las que pasa tiempo.

Decida cuánta influencia puede "permitirse" recibir de esas personas, fijándose en cómo se manifiestan ante los demás. Sé que es una tarea difícil. Lo he hecho en varias ocasiones, incluso con familiares. Sin embargo, NO permitiré que las acciones o actitudes de otras personas me afecten con una influencia desmoralizadora.

Tengo un vecino con el que puedo pasar tres minutos. Durante esos tres minutos mantenemos una charla animada pero no entablaríamos una conversación de tres horas. Puedo pasar tres horas con un antiguo amigo del instituto, pero no tres días. Luego están las personas con las que puedo pasar unos días pero con las que no iría de vacaciones. Examine sus relaciones y asegúrese de que no pasa tres horas con los que sólo debería pasar tres minutos.

Relaciones ampliadas

Hemos tratado la exclusión de influencias negativas. A la vez que realiza esta tarea, también querrá *alcanzar* algo. Identifique a personas con cualidades positivas en los aspectos de la vida que desea mejorar: éxito comercial y financiero, aptitudes para educar a los hijos, relaciones personales, estilo de vida. Pase más tiempo con estas personas. Apúntese a las organizaciones, negocios y gimnasios donde se reúnen y entable amistad con ellas. Más adelante le cuento que solía ir a una ciudad diferente para emplear mejor mi tiempo y me topé con resultados inesperados.

Elogio a Jim Rohn en este libro porque, aparte de mi padre, Jim sigue siendo mi mentor y mi influencia más destacada. Mi relación con él ilustra perfectamente una relación ampliada. Aunque comparto con él alguna comida privada y un poco de tiempo durante las entrevistas y entre bastidores antes de algún evento, paso más tiempo con él cuando le escucho en el coche o leo sus libros en mi casa. He pasado más de mil horas recibiendo sus instrucciones directamente y el 99% se produjo mediante sus libros y programas en formato audio. Lo más estimulante es que, sin importar la situación en la que se encuentre (cuidando a sus hijos o a sus padres ancianos, trabajando muchas horas con gente con la que tiene pocas cosas en común, recluido en el campo lejos de un edificio de oficinas), usted también puede tener el mentor que desee. Eso sí, siempre y cuando esta persona haya compilado sus pensamientos, relatos e ideas en libros, CD, DVD y archivos multimedia (*podcast*). Hay material ilimitado del que puede beneficiarse. Aprovéchelo.

Si desea tener una relación de pareja mejor, más profunda y significativa pregúntese a sí mismo: "¿quién tiene el tipo de relación que yo quiero? ¿Cómo podría pasar más tiempo con esa persona? ¿A quién puedo conocer que ejerza sobre mí una influencia positiva?". Deje que se le contagie su resplandor. Hágase amigo de las personas que en su opinión son las mejores, las más brillantes en su campo. ¿Qué leen? ¿Dónde van a comer? ¿Cómo me influiría la relación con ellas? Para crear relaciones ampliadas puede unirse a grupos en la red, clubes de *Toastmasters* y otras organizaciones similares. Busque las asociaciones caritativas, orquestas sinfónicas, y clubes recreativos donde se reúnen esas personas que desea emular.

Encuentre un colaborador que rinda al máximo

Otra forma de aumentar las relaciones ampliadas es asociarse con un colaborador que rinda al máximo; alguien tan entregado como usted al estudio y desarrollo personal. Esta persona debe ser alguien en quien usted confíe y que se atreva a decir lo que realmente piensa de usted, sus actitudes y rendimiento. Puede ser un antiguo amigo o una persona que no le conoce muy bien. Lo importante es conseguir (y ofrecer) una perspectiva externa, honesta e imparcial.

Mi actual "colaborador para rendir cuentas" es mi buen amigo Landon Taylor. Ya mencioné anteriormente que nos llamamos todos los viernes y mantenemos una conversación de treinta minutos para comentar los altos y bajos, soluciones, aclaraciones y el punto en que se encuentran nuestros planes de desarrollo. La expectativa de esa llamada y saber que tengo que rendir cuentas a Landon me mantiene muy entregado a la consecución de mis objetivos durante la semana.

Tomo nota de los bajos de Landon o de cualquier opinión que necesite, y me aseguro de preguntarle sobre ello la semana siguiente. Él hace lo mismo por mí y con este sistema nos rendimos cuentas mutuamente. Por ejemplo, me puede decir: "la semana pasada cometiste un error, lo admitiste y te comprometiste a introducir cambios. ¿Qué has hecho al respecto esta semana"? Así es la vida. Los dos estamos muy ocupados en nuestro trabajo, pero lo más sorprendente es que todas las semanas sin falta hacemos esta llamada. No es fácil. A veces el día vuela y estoy ocupado en otras cosas, cuando de repente recuerdo que tengo que hacer esta tarea. Muy a menudo, en medio de la llamada pienso: "me alegro de tener esta conversación". Incluso al prepararme y pensar en los altos y bajos de la semana aprendo algo. Esta semana le dije a Landon: "sabes, estoy ocupado con tantas cosas. Estoy escribiendo mi libro, tengo muchos planes que realizar, aclaraciones pendientes, pero nada de ello es realmente apremiante." Él me respondió: "que sea la última semana que te presentas sin nada que compartir. No me hagas trampas". Lo admito, en realidad me estaba engañando a mí mismo al decir que no identificaba nada importante para compartir con él.

Tengo un reto importante para usted si está dispuesto a ponerlo en práctica. ¿Desea opiniones sinceras? Busque personas que le aprecien lo suficiente como para ser honestas y hágales las siguientes preguntas: "¿qué te parezco? ¿Cuáles son mis puntos fuertes? ¿Qué aspectos crees que puedo mejorar? ¿En qué aspectos crees que me perjudico a mí mismo? ¿Qué me beneficiaría dejar de hacer? ¿Qué debería empezar a hacer"?

Invierta en un mentor

Paul J. Meyer fue otro de mis mentores. Paul murió en 2009 a la edad de ochenta y un años. Cuando creía que estaba consiguiendo algo y que realmente había elevado mi nivel de juego, acudía a Paul para verificar si mi perspectiva era realista. Todo lo que llegaba a hacer antes de comer me parecía inconcebible. Pasé mucho tiempo con él. Paul compró una de mis compañías y posteriormente yo introduje una innovación total en una de las suyas. Ejerció una gran influencia en mi vida.

Después de pasar un par de horas con Paul, escuchando todos sus planes, proyectos y actividades, la cabeza me daba vueltas. Sólo el esfuerzo por comprender todo lo que tenía en marcha me dejaba agotado. Tras estar un rato con él necesitaba una siesta, pero mi relación con él me estimuló a mejorar. Para él caminar era como para mí correr. Amplió mis ideas sobre el nivel al que podía llegar y la ambición que podía llegar a tener. ¡Usted también debe relacionarse con personas así!

Nunca te puede faltar un mentor. Durante una entrevista con Harvey Mackay, éste me dijo: "no podrás creerlo, tengo veinte

profesores: de oratoria, de escritura, de humor, de idiomas, etc.".
Siempre me ha parecido interesante que la gente de más éxito,
los que verdaderamente rinden al máximo, son los que están
dispuestos a pagar por los mejores profesores e instructores.
Merece la pena invertir en un rendimiento mejor.

Encontrar y emplear un mentor no tiene que ser un proceso
misterioso o intimidante. Cuando entrevisté a Ken Blanchard,
me explicó la simplicidad de contratar a un mentor (*SUCCESS*,
enero 2010): "lo primero que debes recordar con un mentor es que
no necesitas que te dediquen mucho tiempo. Recibí los mejores
consejos en encuentros breves, mientras comía o desayunaba
con alguien; les hablaba del proyecto en que estaba trabajando
y les pedía consejo. Te sorprenderá ver lo dispuestos que están
los empresarios de éxito a ser mentores de otras personas que
no les exijan mucho tiempo". John Wooden reafirma el punto
sobre el deseo de ser mentores (*SUCCESS*, septiembre 2008):
"ser mentor es el verdadero legado. Es la gran herencia que
puedes dejar a otros y debería ser un proceso permanente. Es
la razón por la que te levantas todos los días; enseñar a otros
y que te enseñen a ti". Continuó explicando que la mentoría
es también una calle de doble sentido. "Un individuo necesita
ser receptivo a la mentoría. Es responsabilidad nuestra estar
dispuestos a dejar que la gente que nos rodea influya, moldee y
fortalezca nuestra vida y nuestra mente.

Desarrolle su propia junta personal de consejeros

Como parte de mi plan para ser más sabio, más sistemático
y actuar con mayor eficacia, además de aumentar el tiempo y la
interacción con mis eminentes líderes, he ido desarrollando una
junta de consejeros para mi vida personal.

He seleccionado cuidadosamente a una docena de personas por las razones siguientes: la experiencia en sus campos, su habilidad para el pensamiento creativo y/o el gran respeto que les profeso por quienes son. Una vez por semana me pongo en contacto con algunos de ellos y solicito ideas, razono mis consideraciones con ellos y les pido su opinión y aportación. Este proceso que he iniciado ya me ha aportado enormes beneficios, incluso más de lo que esperaba. Es sorprendente el talento que estas personas están dispuestas a compartir cuando muestras un sincero interés.

¿Quién debería estar en su junta personal de consejeros? Busque gente positiva que haya conseguido el éxito que usted quiere lograr en su vida. Recuerde el dicho: "nunca pidas consejo a personas por las que no te cambiarías".

III. Entorno: cambiar la panorámica cambia la perspectiva

Cuando estaba en el sector inmobiliario, en la bahía este de San Francisco, vivía y trabajaba en un núcleo de población muy limitado. Veía el mismo tipo de gente actuando al mismo nivel una y otra vez. Sabía que tenía que encontrar un círculo de relaciones más elevado para llegar a donde quería.

Empecé a conducir a lo largo de la bahía hasta alcanzar uno de los lugares más bellos y ricos del mundo, Tiburon en Marin County, al norte de San Francisco. ¿Ha estado alguna vez en Mónaco? Pues Tiburon es así, pero más pintoresco. Es un lugar espectacular. Solía ir a una marisquería muy agradable situada en el muelle, "Sam's". La comida era deliciosa, pero más importante que eso era su popularidad entre los residentes más ricos de la zona. Además de ir a "Sam's" para ampliar mis relaciones, solía sentarme en el muelle y contemplar la colina. Las casas multimillonarias que colgaban de los acantilados me dejaban boquiabierto. Había una en particular que siempre atrajo mi atención; una casa azul de cuatro pisos con un ascensor y un enorme pararrayos en el tejado. *¿Cuál sería la casa perfecta?*, me preguntaba a mí mismo constantemente. ¿Si me dieran una, cuál elegiría? La respuesta era siempre la misma: la preciosa casa azul. Estaba en el lugar perfecto, con una vista espléndida, la mejor de todas ellas.

Un día, cuando regresaba a casa después del almuerzo, vi un cartel que anunciaba una casa en venta y pensé que sería entretenido echarle una ojeada. Guiado por una serie de carteles, seguí el zigzagueante ascenso del acantilado por las estrechas carreteras. Finalmente llegué a la cima de la colina y encontré la casa anunciada. Cuando entré y subí a un espectacular mirador, el mundo se abrió ante mis ojos: en una panorámica de 300 grados, se divisaba la punta de la península de Tiburon, Angel Island al otro lado de la bahía, Berkeley, East Bay, Bay Bridge y la silueta completa de San Francisco dibujada por encima del Golden Gate Bridge. Salí al balcón y miré alrededor. De repente me di cuenta de que era la casa azul que llevaba años contemplando. Firmé el contrato de compra de inmediato. La casa de mis sueños ya era mía.

En "Sam's" no conocí a nadie que cambiara mi vida. Sin embargo, el entorno me afectó profundamente. Ver esas casas en el acantilado estimuló mi ambición y amplió mis sueños. Acabé trabajando más de lo que nunca había trabajado con el fin de hacer esos sueños realidad, ¡y lo conseguí!

Los sueños que alberga en su corazón pueden ser más elevados que el entorno en el que vive. A veces, es necesario salir de ese entorno para ver el sueño cumplido. Es como plantar una tallito de roble en una maceta. Tan pronto como las raíces se enmarañan por la falta de espacio, el crecimiento del tallito se ve limitado, porque necesita más espacio para convertirse en un gran roble. A nosotros nos pasa lo mismo.

Cuando hablo del entorno no me refiero solamente al lugar donde vive, me refiero a lo que le rodea. Crear un entorno positivo, que apoye su éxito, significa deshacerse de todo el desorden que haya en su vida. No me refiero solamente al desorden físico, que dificulta el trabajo productivo y eficaz (aunque también es importante), sino también al desorden mental creado por todo lo que le rodea (sea lo que sea) y que no funciona o le avergüenza. Cada cosa que deja sin completar en su vida ejerce un poder debilitante que le roba la energía para lograr el éxito, como si se tratara de un vampiro chupándole la sangre. Cada promesa, compromiso y acuerdo que no cumple agota sus fuerzas porque bloquea el momentum y frena su habilidad para avanzar. Las tareas incompletas siguen arrastrándole al pasado para que se ocupe de ellas. Por lo tanto, piense en lo que puede completar hoy.

Aparte de eso, cuando esté creando un entorno que favorezca sus objetivos, recuerde que en la vida se consigue lo que se tolera. Esto es cierto en todos los aspectos de la vida, especialmente en las relaciones con la familia, amigos y compañeros de trabajo. Lo que decide tolerar también se refleja en las situaciones y circunstancias de su vida actual. Expresado con otras palabras: *En la vida conseguirá lo que acepta y espera merecer.*

Si tolera la falta de respeto, no le respetarán. Si tolera que la gente llegue tarde y le haga esperar, con usted se retrasarán. Si tolera trabajar en exceso y que le paguen mal, la situación continuará. Si tolera estar obeso, cansado y enfermo continuamente, así será.

Es sorprendente cómo la vida se organiza de acuerdo con los estándares que cada uno determina para sí mismo. Algunas personas creen que son las víctimas del comportamiento de otras, pero en realidad tenemos control sobre la forma en que nos tratan los demás. Proteja su espacio emocional, mental y físico para poder vivir en paz en lugar de soportar el caos y el estrés que el mundo le arrojará encima.

Si desea fomentar una rutina disciplinada de ritmos y coherencia para que Gran Mo no sólo le visite, sino que se quede a vivir en su casa, debe asegurarse de que su entorno acoge y apoya el hecho de que actúe y rinda a niveles de primera clase.

Hablando de "primera clase", en el siguiente capítulo quiero ayudarle a retomar todo lo que ha aprendido hasta ahora y revelarle el secreto para acelerar los resultados. Obtener resultados mejores con sólo un poco más de esfuerzo parece que es hacer trampa... una ventaja injusta. Pero ¿quién le ha dicho que la vida es justa?

Cómo beneficiarse del efecto compuesto

Resumen de acciones para practicar

↗ Identifique la influencia que tienen en su vida los medios de comunicación y la información en general. Determine de qué información debe proteger su mente y cómo va a mantenerla limpia con información positiva, que le aliente y apoye. Descargue la hoja de influencia de la información recibida (Input Influence) en www.TheCompoundEffect.com/free

↗ Evalúe sus relaciones actuales. ¿Con quién debe limitar su relación? ¿A quién debe excluir completamente? Diseñe una estrategia para ampliar sus relaciones. Descargue la hoja de evaluación de relaciones (Association Assessment) en www.TheCompoundEffect.com/free

↗ Escoja un colaborador que rinda al máximo. Decida cuándo, con qué regularidad y sobre qué se rendirán cuentas mutuamente. Decida también qué ideas espera que aporte su colaborador en cada conversación.

↗ Identifique tres aspectos de su vida en los que desea centrarse para mejorarlos. Busque y emplee un mentor para cada uno de esos aspectos. Los mentores pueden ser gente que han logrado lo que usted desea y con quien mantiene conversaciones breves, o pueden ser expertos que han escrito sus ideas en libros o las han grabado en CD.

CAPÍTULO 6

ACELERACIÓN

Cuando vivía en La Jolla, California, para hacer ejercicio y poner a prueba mi voluntad recorría en bicicleta tres kilómetros en un ascenso al Monte Soledad. Hay pocos actos voluntarios que causen tanto dolor y sufrimiento como ascender una montaña empinada en bicicleta sin darse un descanso. Llega un momento en que "chocas contra un muro" y te encuentras cara a cara con tu fuero interno. De repente, te quedas con la verdad al desnudo, despojado de todas las imágenes e ideas que tenías sobre ti mismo. Tu mente empieza a inventarse todo tipo de excusas para que te pares. Es entonces cuando te enfrentas a una de las preguntas más importantes que puedes plantearte en la vida: ¿te fuerzas a continuar a pesar del dolor o te vienes abajo y abandonas?

Lance Armstrong fue el tema de portada de la revista *SUCCESS* en junio de 2009. Recuerdo observar a Lance durante la victoria de su primer Tour de Francia. El Tour había llegado a las extenuantes etapas de montaña. Los otros ciclistas desestimaban a Lance porque nunca había sido famoso por su rendimiento en carreteras de montaña. Durante el tercer ascenso, entre lluvia helada, neblina y granizo, Lance se separó de su equipo y se quedó solo luchando contra los mejores del mundo. En el ascenso final, a treinta kilómetros de Sestriere, después de cinco horas y media de subida, los ciclistas se resentían del durísimo esfuerzo. Cada uno de ellos necesitaba encontrar en su interior el aguante y las habilidades más profundas, pero ¿podían soportarlo? Se convirtió en una prueba para determinar quién podría superar la adversidad y reunir la fuerza suficiente para continuar, quién se daría por vencido y quién no.

A ocho kilómetros de la meta, la ventaja de los líderes sobre Lance era de treinta y dos segundos, una eternidad cuando asciendes una montaña en bicicleta. En una curva, Lance se destacó del pelotón, se adelantó y alcanzó a los ciclistas que iban en cabeza, dos escaladores de primera clase. Casi al límite de sus fuerzas, Lance lanzó un ataque y ganó terreno a los líderes. Posteriormente, en su libro *Mi vuelta a la vida* (*It's Not About the Bike: My Journey Back to Life* - Putnam, 2000) decía: "cuando abres un hueco y tus competidores no responden, es muy significativo. Significa que lo están pasando mal y cuando sucede eso es cuando puedes alcanzarlos". Al límite de sus fuerzas, casi sin respiración, con los músculos de brazos y piernas ardiendo por el esfuerzo, Lance siguió pedaleando. Alguno lo intentó pero nadie pudo atraparle, no tenían lo que hacía falta. Llegó a la meta levantando los puños al cielo; el inesperado contendiente ganó la etapa de la carrera y en última instancia el Tour de Francia.

En este capítulo quiero hablarle de esos momentos decisivos y de cómo el efecto compuesto puede ayudarle a abrirse camino hacia nuevos y mejores niveles de éxito, más rápidamente de lo que se imagina. Cuando haya preparado, practicado, estudiado y haya invertido el esfuerzo necesario de forma constante, tarde o temprano tendrá que enfrentarse a su momento decisivo. En ese momento, determinará quién es y quién quiere llegar a ser. Es en momentos así donde se manifiesta el crecimiento personal y la mejora: cuando seguimos adelante o nos echamos atrás, cuando subimos al podio y recogemos la medalla o cuando permanecemos entre la multitud aplaudiendo con aire sombrío las victorias ajenas.

También examinaremos cómo puede rendir constantemente más de lo que la gente espera, aumentando así aún más su suerte.

Momentos decisivos

En su autobiografía Lance escribió: "en todas la carreras hay un momento en el que el ciclista se topa con su verdadero oponente y comprende que es él mismo". "En los momentos más duros de las carreras es cuando siento mayor curiosidad y me pregunto en cada una de esas ocasiones cómo voy a reaccionar. ¿Descubriré mis debilidades más recónditas o encontraré mi fortaleza más profunda"?

Cuando yo trabajaba en el sector inmobiliario, "chocaba contra el muro" varias veces al día. Si conducía a una propiedad con un acuerdo de venta caducado, sintiéndome vencido por el último posible cliente, empezaba a imaginar todo tipo de excusas para saltarme la llamada de ventas y volver a la oficina. Cuando hacía encuestas en un barrio, los perros me gruñían o parecía que se iba a poner a llover. Me veía en medio de ese "horario lucrativo" (entre las 5 de la tarde y las 9 de la noche, de llamadas automáticas no solicitadas) y con frecuencia disgustaba a alguien por interrumpirle cuando estaba cenando o viendo su programa favorito en la tele. Creía que necesitaba un descanso para ir al baño o beber un vaso de agua. Pero en lugar de tirar la toalla, cada vez que chocaba contra esos muros mentales admitía que mis competidores se enfrentaban a las mismas dificultades. Sabía que si superaba ese momento les sacaría gran ventaja. Estos fueron momentos decisivos de éxito y avance. No era difícil, ni desagradable o desafiante correr al mismo paso que los demás, manteniéndolo, pero sin adelantarme. Lo que cuenta no es chocar contra ese muro, sino lo que haces *después* del impacto.

Lou Holtz, el famoso entrenador de fútbol americano, sabía que el esfuerzo extra, añadido tras entregarse al máximo, era lo que llevaba a la victoria. En un partido, su equipo iba perdiendo al final de la primera parte con una puntuación de 42 a 2. En el descanso, Lou mostró al equipo un vídeo con imágenes de ese esfuerzo extra para bloquear, placar y recuperar el balón. Dijo a sus jugadores que no estaban en el equipo porque podían dar lo mejor de sí en cada partido, eso era lo normal. Les dijo que estaban en su equipo por su capacidad de aportar ese esfuerzo extra fundamental en cada partido. Lo que marca la diferencia es el esfuerzo extra añadido tras el rendimiento máximo. Su equipo ganó el partido en la segunda parte. Así es como se gana.

Muhammad Ali fue unos de los mejores boxeadores de todos los tiempos, no sólo por su velocidad y agilidad, sino también por su estrategia. El 30 de octubre de 1974, Ali recuperó el titulo de campeón de pesos pesados, superando a George Foreman.

Fue unas de las derrotas más sonadas de la historia del boxeo, conocida como *"Rumble in the Jungle"* ("Terremoto en la jungla"). Casi nadie, ni siquiera su seguidor más fiel, Howard Cosell, pensaba que el antiguo campeón tenía posibilidades de ganar. Joe Frazier y Ken Norton habían derrotado a Ali previamente y George Foreman había noqueado a ambos tan sólo en el segundo asalto. ¿Cuál fue la estrategia de Ali? Aprovecharse de un punto débil del joven campeón: su falta de aguante. Ali sabía que si empujaba a Foreman al límite de sus fuerzas (el muro que mencionamos antes), podría aventajarle. Así es como Ali ideó la táctica conocida más tarde como "Rope-a-Dope". Ali se apoyó en las cuerdas, protegiéndose la cara, y resistió los cientos de golpes propinados por Foreman en los siete primeros asaltos. Al llegar al octavo, Foreman estaba agotado (había "chocado" contra su propio muro). Fue entonces cuando Ali le noqueó con una combinación en el centro del ring.

Chocar contra ese muro no es un obstáculo, es una oportunidad. Durante el segundo intento de Lance Armstrong por ganar el Tour de Francia llegaron de nuevo las etapas de montaña. La primera escalada tendría lugar donde Lance había sufrido un accidente tremendo a principios de ese mismo año, causándole una conmoción y la rotura de la séptima vértebra lumbar. Había ocurrido en un día lluvioso de primavera y en ese momento del Tour también estaba lloviendo. En lugar de preocuparse o titubear se dijo: "éste es un tiempo perfecto para el ataque porque sé que a los otros no les gusta. Creo que a nadie en el mundo se le da mejor sufrir. Es un buen día para mí". Tenía razón, Lance consiguió la victoria por segunda vez.

Cuando las condiciones son favorables las cosas son fáciles, no hay distracciones, nadie interrumpe, no hay tentaciones y nada perturba nuestros largos y acelerados pasos. Pero es también cuando casi todo el mundo consigue buenos resultados. Hasta que no surgen situaciones difíciles, problemas y tentaciones enormes, no demostramos que merecemos progresar. Como diría Jim Rohn, "no desee que sea más fácil, desee ser mejor."

Cuando choque contra ese muro en el ejercicio de sus disciplinas, rutina, ritmos y constancia, comprenda que está separándose de su antiguo 'yo', que está escalando el muro y encontrando un nuevo 'yo', más fuerte, triunfador y victorioso.

Multiplicar sus resultados

Quiero ofrecerle una gran oportunidad. Hemos hablado de esas sencillas disciplinas y comportamientos que, acumulados durante un período de tiempo, producen resultados sorprendentes e impresionantes. ¿Qué le parecería si pudiera acelerar el proceso y multiplicar esos resultados? ¿Le interesaría? Quiero mostrarle cómo un poco más de esfuerzo puede aumentar de manera exponencial los resultados.

Digamos que ha empezado un entrenamiento con pesas y su programa exige doce repeticiones de un peso determinado. Si hace doce, cumple con el programa previsto. Buen trabajo. Sea constante y al final verá el excelente resultado de esa acumulación de disciplina. Pero si una vez que hace doce, que es su máximo, se fuerza a otras dos o tres repeticiones, el impacto de esa serie se multiplica. No solo añade unas repeticiones más al total de su entrenamiento. No, esas repeticiones forzadas después de alcanzar su máximo *multiplican* el resultado. Significa que ha atravesado el muro de sus límites. Con las doce repeticiones llegó al muro, sin embargo, el verdadero desarrollo ocurre con lo que hace *después* una vez que ha llegado allí.

Arnold Schwarzenegger popularizó un método de entrenamiento con pesas conocido como *"The Cheating Principle"* ("Principio de la trampa"). Arnold era un purista, insistía mucho en una técnica perfecta. Sostenía que tan pronto como llegamos a nuestro máximo de levantamientos con la técnica correcta, si ajustamos las muñecas, o nos inclinamos hacia atrás para que otros músculos ayuden a los que realmente tienen que trabajar (haciendo un poco de trampa), podríamos hacer cinco o seis repeticiones más, lo cual mejoraría considerablemente el resultado de esa serie de repeticiones. De hecho se obtiene el mismo resultado si un compañero de entrenamiento le ayuda a realizar esas últimas repeticiones que no puede hacer solo.

Si usted es corredor, sabe de lo que le hablo. Alcanza el objetivo impuesto para ese día y llega al límite de sus fuerzas, siente el esfuerzo en los músculos (alcanza el muro), pero sigue un poco más. Ese "poco más" es en realidad una ampliación enorme de sus límites. Ha multiplicado los resultados de esa simple carrera.

Recuerde el penique mágico del que hablamos en el Capítulo 1, el que duplicaba su valor cada día y que ilustraba el resultado de pequeñas acciones acumuladas. Si cada semana aplicara una duplicación extra al penique, a los treinta días el resultado del penique acumulado sería de 171 millones de dólares en lugar de 10. De nuevo, un pequeño esfuerzo extra en cuatro días supone un resultado muchísimo mayor. Así es como funcionan los cálculos cuando usted hace un poco más de lo esperado.

Verse a sí mismo como el competidor más duro es uno de los mejores métodos para multiplicar resultados. Cuando llegue al muro, siga adelante. Otra forma de multiplicar los resultados es superar lo que *otros* esperan de usted, es decir, hacer más que lo considerado como "suficiente".

Vencer expectativas

Oprah (presentadora de televisión, actriz, empresaria y productora americana) es famosa por utilizar este principio; echa por tierra las expectativas de cualquiera con su generosidad y capacidad para vivir y trabajar a lo GRANDE. En septiembre de 2004 lanzó la decimonovena temporada de su programa. En América algunos lo recordarán porque cuando se trata de Oprah hay que esperar bombos y platillos... y en esa ocasión se superó. El programa de apertura fue el tema de conversación de todo el mundo y de todos los medios de comunicación durante días y días.

Retrocedamos a ese momento... La gente del público fue seleccionada entre personas cuyos amigos o familiares habían escrito al programa explicando que estas personas necesitaban desesperadamente un coche nuevo. Oprah comenzó el programa reuniendo a once personas en el escenario. Regaló a cada uno de ellos un coche, un Pontiac G6 modelo 2005. A continuación llegó la gran sorpresa: superando todas las expectativas, distribuyó cajas de regalos entre todo el público y les dijo que una de ellas tenía la llave para otro coche más. Cuando el público abrió las cajas se encontraron con que todas tenían un juego de llaves. Mientras, Oprah gritaba: "¡coches para todos, coches para todos"!

Aunque este sea el ejemplo más representativo, Oprah continúa rebasando las expectativas en casi todo lo que hace. En otro episodio, sorprendió a una chica de veinte años que había pasado varios años en familias de acogida y en refugios para gente sin hogar y le regaló una beca universitaria de cuatro años, un cambio de imagen y 10.000 dólares en ropa. En otra ocasión, a una familia de acogida con ocho niños que iba a perder su hogar, Oprah le regaló 130.000 dólares para que pagaran y arreglaran su casa.

Ahora estará pensando que nada de esto es extraordinario, ya que Oprah se lo puede permitir. La realidad es que hay muchas otras personas en la misma posición que ella (con el mismo dinero y la misma fama) que podrían hacer este tipo de cosas, pero que nunca se aventuran en el reino de lo extraordinario. Ella sí. Eso es lo que la convierte en lo que es y debemos aprender de ella. Usted también pude hacer más de lo que se espera de usted en cada aspecto de su vida.

Cuando llegó el momento de pedirle a Georgia, mi mujer, que se casara conmigo, podría haber hecho lo habitual: visitar a su padre y pedirle la mano de su hija. En su lugar, decidí presentar mis respetos a su padre con un discurso en portugués (la hermana de Georgia tradujo las palabras que yo quería decir). Él entendía el inglés bastante bien pero no se sentía completamente a gusto con este idioma. Todo el camino de Los Ángeles a San Diego ensayé lo que iba a decir. Entré por la puerta con flores y regalos, y pedí a su padre que viniera a la sala de estar donde nos encontrábamos. Le solté el discurso que había memorizado. Gracias a Dios su respuesta fue: "Sí".

La cosa no quedó ahí. Al volver y durante un período de dos días, llamé a los CINCO hermanos de mi mujer y les pedí su aprobación para unirme a la familia. Algunos fueron fáciles de convencer, otros hicieron que me "lo ganara". La cuestión es que Georgia me dijo posteriormente que uno de los aspectos más especiales de mi proposición matrimonial fue el modo en que honré a su padre, el gesto de llamar a todos sus hermanos y pedir a su hermana que me enseñara portugués. Con todo ello, la acción se convirtió en algo mucho más especial. El resultado de ese esfuerzo extra fue recompensado de forma exponencial. Stuart Johnson es propietario de la empresa matriz de *SUCCESS*, VideoPlus L.P. Stuart invirtió mucho dinero y arriesgó una reputación de veintidós años para adquirir la revista *SUCCESS*, SUCCESS.com y el resto de las propiedades de SUCCESS Media. Fue un paso atrevido y arriesgado, al coincidir con la situación económica más difícil de la historia moderna. Además, el campo editorial era considerado como poco propicio, pero él hizo incluso más de lo que podía esperarse de él. En un momento en que la nueva empresa todavía andaba a tientas (es decir, funcionaba con un déficit) y sus negocios principales habían sufrido un revés, como para el resto del mundo con la crisis económica de 2008 y 2009, Stuart creó una fundación sin fines de lucro dedicada a los niños. Si iba a entregarse a enseñar principios básicos de desarrollo personal al mundo, quería estar especialmente seguro de que la información llegara a los adolescentes. Y así creó la Fundación SUCCESS (www.SUCCESSFoundation.org). Encomendó la compilación de los principios básicos del éxito personal en un libro titulado *SUCCESS for Teens* (*ÉXITO para adolescentes*), el cual distribuye a través de socios comerciales responsables y organizaciones no lucrativas, con el fin de contribuir a la educación de los jóvenes.

Stuart financió personalmente la administración y gestión de SUCCESS Foundation, y durante el primer año, con la ayuda de unos buenos amigos, financió la distribución de más de 1 millón de libros. Actualmente, ese número es mayor y sigue aumentando. Stuart ya anticipaba inversiones cuantiosas y grandes riesgos sin contar la carga de la financiación de la fundación. A pesar de todo, la contribución y dedicación adicionales a favor de la fundación multiplicó por mucho más la afirmación de su entrega a los ojos de posibles socios, la prensa, sus iguales y su personal. Estaba haciendo más de lo que se esperaba de él, lo cual decía mucho de su persona.

¿En qué aspectos de su vida puede hacer más de lo que se espera de usted cuando ya alcanzó el límite de sus fuerzas? ¿En qué aspectos puede buscar deslumbrante éxito? No supone mucho más esfuerzo, pero ese pequeño elemento extra multiplica los resultados por muchas más veces. Tanto si está haciendo llamadas, atendiendo a clientes, expresando agradecimiento a su equipo, valorando a su pareja, corriendo, haciendo pesas, planeando un velada o pasando tiempo con sus hijos, pregúntese: ¿qué pequeño elemento extra puedo añadir para superar las expectativas y acelerar los resultados?

Haga algo inesperado

Me encanta llevar la contraria. Dígame lo que hace todo el mundo, cuál es la opinión general, qué es popular, y como siempre yo optaré por lo opuesto. Si toda la gente hace 'zig', yo hago 'zag'. Para mí lo que es popular es mediocre y corriente. Las cosas corrientes generan resultados corrientes. En América el restaurante más popular es MacDonald's, la bebida más popular es Coca Cola, la cerveza más popular es Budweiser, el vino más popular es Franzia (sí, eso que viene en una caja). Consuma estos artículos tan "populares" y usted también formará parte de la manada de personas comunes y corrientes. Todo eso es ordinario y no tiene nada de malo, pero yo prefiero lo extraordinario.

Por ejemplo, todo el mundo manda postales de Navidad. Yo creo que como todo el mundo lo hace, realmente no tiene mucho impacto emocional. Por eso prefiero mandar tarjetas de Acción de Gracias (una celebración muy arraigada en América). ¿Cuántas postales se reciben en ocasiones como ésta? Exactamente, y es por eso que la acción en sí comunica algo. En lugar de utilizar esas tarjetas de "buenos deseos" diseñadas por ordenador e impresas en masa, prefiero escribir sentimientos personales que expresen lo agradecido que estoy por conocer a esa persona y lo que significa para mí. El esfuerzo es el mismo, pero el impacto es mucho mayor.

Richard Branson forjó su carrera profesional haciendo lo inesperado. Me encanta ver cuando lanza una empresa. Cada proeza es más atrevida y alarmante, más inesperada que la anterior. Tanto si es volar en un globo, dando la vuelta al mundo, como conducir un tanque en la Quinta Avenida de Nueva York o introducir Virgin Cola en los Estados Unidos, Richard siempre nos ofrece lo inesperado. Le bastaría con hacer lo típico: un comunicado de prensa, una o dos ruedas de prensa, una fiesta de lujo y nada más. Pero no, él prefiere lo asombroso. Probablemente gasta tanto (y a veces menos) que otras empresas en el lanzamiento de un producto, pero él lo hace con un estilo inesperado. El factor sorpresa transmite algo más y multiplica el impacto de su esfuerzo.

Generalmente, el esfuerzo extra no cuesta mucho más dinero o energía. Cuando trabajaba en el sector inmobiliario, todo el mundo hacía llamadas para gestionar la renovación de acuerdos de venta caducados. A diferencia de los demás, yo me montaba en el coche y me presentaba en la casa del cliente con el cartel de "VENDIDO". Cuando abría la puerta le decía: "tome, lo necesitará si me contrata para gestionar su acuerdo de venta". Con el dinero que me costaba tener el tanque lleno de gasolina, inmediatamente y de forma exponencial aumentaba mis posibilidades de conseguir ese acuerdo de venta.

Recientemente Alex, un amigo mío, estaba interesado en un excelente trabajo. Vive en California y el trabajo era en Boston. Quedó entre los doce últimos candidatos. Iban a entrevistar a los candidatos locales en persona y a los demás mediante videoconferencia. Me llamó y me preguntó si sabía cómo realizar una videoconferencia con cámara web.

"¿Cuánto deseas este trabajo?", le pregunté.

"Es el trabajo de mis sueños", me respondió. "Representa todo para lo que me he estado preparando durante cuarenta y cinco años."

"Si es así, coge un avión y preséntate en persona", le dije.

"No hace falta", me respondió. "Los tres finalistas volarán allí para la entrevista final."

"Escucha", le dije, "si quieres ser uno de los tres finalistas, debes destacar haciendo algo inesperado. Vuela de costa a costa inmediatamente y preséntate en persona. Así es como te harás notar.

Si tengo la mira en algo, voy a por todas para asegurarme el éxito. Lanzo unas campañas que denomino "sorpresa y ataque" (como la táctica militar de dominación rápida). Sugerí a Alex que durante esta búsqueda de trabajo utilizara todos los recursos que tuviera a su alcance, que atacara desde cualquier ángulo posible y que lo hiciera incesantemente.

"Averigua todo lo que puedas sobre las personas que van a decidir", le aconsejé. "Entérate de sus intereses, sus aficiones, las de sus hijos, parejas, vecinos, etc. Mándales libros, artículos, regalos y otros recursos que pudieran interesarles. ¿Es pasarse un poco? Claro que sí, pero esa es la cuestión. Sabrán que intentas hacerles la pelota, pero apreciarán tus agallas y creatividad;

desde luego te vas a ganar su atención y muy probablemente su respeto". Continué diciéndole: "haz averiguaciones sobre toda la gente de la organización. Elabora una lista y compruébala con tu propia red de contactos para ver si conocen a alguien que pudiera conocer a alguna persona de esta organización. Busca cada nombre en tu base de datos LinkedIn. Encuentra algunas personas con las que ponerte en contacto. Habla con ellas y pídeles que te recomienden. Envíales regalos, notas y otras cosas y pídeles que las entreguen en mano a los que toman las decisiones. Utiliza el teléfono, fax, correo electrónico, mensajes de texto, Twitter, Facebook, etc. mientras continúa el proceso de selección. ¿Podría resultar demasiado agresivo? ¡Por supuesto que sí! Pero en mi experiencia he aprendido que si eres demasiado agresivo en general pierdes una oportunidad de cada cinco, ¡pero te quedas con las otras cuatro!".

Por cierto, Alex no siguió mis consejos y no consiguió el trabajo. Ni siguiera llegó a los tres finalistas. Puedo decir, sin miedo a equivocarme, que era un candidato mucho mejor que el que contrataron, pero Alex no causó impresión y esto le costó el trabajo de sus sueños.

Estoy en la junta de una empresa que necesitaba la firma de un congresista para dar luz verde a un proyecto importante. Este hombre no cedía, no por el asunto en cuestión, sino por intereses políticos que exigían que estuviera en contra de otros que públicamente apoyaban el proyecto. En lugar de insistirle con más ruegos inútiles para que cambiara de opinión, sugerí que fuéramos directamente a ver a su jefe, es decir, su mujer. Repasamos nuestra red de contactos hasta que encontramos a una persona que nos condujo a alguien que conocía a su mujer. A continuación esperamos a que su mujer saliera de un oficio religioso al que había asistido y su amigo nos presentó. Le explicamos el caso y la causa, que era construir unas instalaciones de actividades extraescolares en un barrio deprimido, y lo que supondría para cientos de niños si su marido nos apoyaba. No hace falta decir que el martes de la semana siguiente teníamos la firma y la empresa consiguió el proyecto.

En una sociedad como la nuestra, saturada de propaganda y con falta de atención, a veces hacer lo inesperado es la forma de hacerse notar. Si tiene una causa, o un ideal que merezca la atención, haga lo que sea, incluso lo inesperado, para que le escuchen. Sea más atrevido.

Rinda más de lo que se espera de usted

Pertenezco a la junta directiva de otra organización sin fines lucrativos, Invisible Children (Niños invisibles) (www.InvisibleChildren.com), que ayuda a rescatar a niños secuestrados y obligados a ser soldados en el norte de Uganda y el Congo. Para conseguir mayor toma de conciencia para esta causa, se organizó un evento en cien ciudades llamado "The Rescue" ("El rescate"), en el que más de ochocientos mil jóvenes acamparon al aire libre esperando a "ser rescatados" por personajes destacados de la comunidad, con el propósito de atraer su atención y su apoyo. Después de cuatro días, en todas las ciudades, menos una, se había efectuado el rescate, con la participación de personajes como los senadores Ted Kennedy y John Kerry, Val Kilmer, Kristen Bell y otros muchos que participaron en las noventa y nueve ciudades. La última ciudad para efectuar el rescate era Chicago y se necesitaba a Oprah (personaje mencionado anteriormente). Pasaron seis días y Oprah no se presentaba. El cuarto día organizaron una marcha alrededor de sus estudios. Al siguiente día presentaron un espectáculo de música y baile que duró todo el día y toda la noche. El sexto día, después de soportar el mal tiempo y dormir bajo la lluvia, los más de quinientos participantes rodearon el estudio y permanecieron de pie en silencio sujetando carteles desde las 3.30 de la madrugada. Esa mañana Oprah salió de Harpo Studios y habló con los fundadores de la organización e invitó al grupo entero a participar en el programa que se emitiría en vivo esa mañana ante más de 20 millones de telespectadores. La atención suscitada llevó a Invisible Children al programa de entrevistas *Larry King Live* y a otros 232 programas informativos, alcanzando en total a más de 65 millones de personas. En la actualidad, el Congreso está considerando un proyecto de ley para apoyar el trabajo de Invisible Children para salvar a estos niños. La organización ya había logrado más de lo esperado con el evento de rescates, pero esas agallas y tenacidad extra para rescatar la última ciudad (y captar la atención de Oprah) provocaron que Invisible Children consiguiera su mayor defensor hasta la fecha, lo cual multiplicó los resultados por mucho más.

Encuentre el límite de una expectativa y supérelo, aunque se trate de algo insignificante (o quizás es ahí donde debe aplicarlo especialmente). Por ejemplo, cuando asisto a un evento, no importa cuáles sean las normas de etiqueta requeridas, siempre opto por mejorarlas. Si tengo dudas sobre el atuendo, siempre prefiero pecar de ir más elegante de lo que exige la ocasión. Sencillo, lo admito, pero es otra manera para mí de ser coherente con mis convicciones para siempre actuar y ser mejor de lo que se espera de mí.

Cuando preparo discursos para grandes empresas, paso una cantidad considerable de tiempo preparándome y aprendiendo sobre la organización: productos, mercados y lo que esperan de mi charla. Mi meta es exceder considerablemente sus expectativas y sólo se consigue con una preparación incansable. Superar las expectativas llega a ser una parte importante de la reputación. La reputación de optar por lo excepcional multiplica mucho más los resultados en el mundo de los negocios.

Trabajé con un director ejecutivo cuya filosofía era pagar al personal, incluidos comerciales y proveedores, unos días antes de lo estipulado en el contrato. No dejaba de sorprenderme el recibir un cheque el veintisiete de cada mes como pago por el mes siguiente. Le pregunté el porqué y me contestó lo más obvio: "Es el mismo dinero, pero la sorpresa y la buena voluntad que compra son inmensas, ¿por qué no hacerlo"?

Ésta es una las razones por las que admiro tanto a Steve Jobs. De todos los extraordinarios personajes que han figurado en la portada de *SUCCESS*, Jobs es uno de mis favoritos. No importa lo que esperes del lanzamiento del siguiente producto de Apple, Jobs siempre tiene un pequeño (o gran) elemento extra para impresionar. Comparado con otras acciones mayores, puede tratarse de una diminuta adición, pero aún así, es mejor de lo esperado y multiplica la impresión y la reacción de los clientes, fomentando su lealtad. En un mundo en que la mayor parte de las cosas no cumplen las expectativas, usted puede acelerar sus resultados de forma significativa si se destaca del resto aportando más de lo esperado. Me encanta la audacia de lo que dijo Robert Schuller en la entrevista que dio para *SUCCESS* (diciembre 2008): "ninguna idea merece la pena a menos que inspire una expresión de gran sorpresa".

La empresa Nordstrom es conocida por lo siguiente: en lo que respecta al servicio al cliente, siempre se esfuerzan por superarse. Se conocen casos de aceptar la devolución de artículos, comprados un año antes, sin recibo y en algunos casos adquiridos en otras tiendas. ¿Por qué lo hacen? Porque saben que al exceder las expectativas se fomenta la confianza y lealtad de los clientes. El resultado es una reputación extraordinaria que sigue atrayendo la atención. Lo que le estoy recordando es que el *multiplicador* sigue aumentando.

Le reto a adoptar esta filosofía en su vida, en sus costumbres diarias, disciplinas y rutinas. Dedicar más tiempo, energía y reflexión a su esfuerzo no sólo mejorará los resultados obtenidos, los multiplicará. Sólo necesita un pequeño extra para ser EXTRAordinario. Examine todos los aspectos de su vida y busque las oportunidades de multiplicación donde pueda llegar más lejos, exigirse un poco más, durar más tiempo, prepararse mejor, y entregar un poco más. ¿En qué puede mejorar y superar las expectativas? ¿Cuándo puede hacer algo totalmente inesperado? Busque tantas oportunidades de impresionar como sea posible, le sorprenderá (no sólo a usted sino a todos los que le rodean) el nivel y la velocidad de sus logros.

Cómo beneficiarse del efecto compuesto

Resumen de acciones para practicar

↗ ¿En qué situaciones se enfrenta a momentos decisivos (p.ej. realizando llamadas de captación de clientes, haciendo ejercicio, comunicándose con su pareja e hijos)? Identifíquelos para saber cuándo debe esforzarse más, con el fin de ampliar su desarrollo personal, y dónde puede diferenciarse de los demás y de su antiguo 'yo'.

↗ Busque tres aspectos de su vida donde puede añadir un elemento extra (p.ej. repeticiones en su entrenamiento de pesas, llamadas, reconocimiento y sentimientos de agradecimiento hacia los demás, etc.

↗ Identifique tres aspectos de su vida donde puede superar las expectativas. ¿Dónde y cómo puede impresionar?

↗ Identifique tres maneras de lograr lo inesperado. ¿Dónde puede diferenciar entre lo corriente, lo normal o lo esperado?

CONCLUSIÓN

Aprender sin practicar es inútil. No he escrito este libro por diversión (no es cosa fácil) o simplemente para motivarle. La motivación por sí sola, sin acción, conduce al engaño. Como comentaba en la introducción, el efecto compuesto y los resultados que manifestará en su vida son el verdadero acuerdo. Nunca más soñará con que el éxito le encuentre. El efecto compuesto es una herramienta que, combinada con acciones positivas y constantes, cambiará su vida de forma real y duradera. Deje que este libro y su filosofía se conviertan en su guía. Deje que las ideas y estrategias del éxito le convenzan y generen resultados auténticos palpables y mensurables. Cuando perciba que los malos hábitos, a primera vista inofensivos, vuelven a apoderarse de usted, tome este libro. Cuando su constancia pegue un bajón, lea este libro. Cuando desee reavivar su motivación y reafirmar el poder de sus objetivos, vuelva a leer este libro. Siempre que lo haga, atraerá a Gran Mo para que venga a visitarle.

Deje que comparta con usted mis motivaciones. Mi valor esencial en la vida es la trascendencia. Mi deseo es contribuir a que otras personas mejoren su vida. Y para cumplir mi misión, necesito que usted logre sus objetivos. Lo que me interesa es el testimonio de los resultados que han cambiado su vida. Quiero recibir de usted un correo electrónico o una carta, o que me salude en el aeropuerto el año que viene (o dentro de cinco o diez años) para contarme los resultados tan increíbles que ha logrado gracias a las ideas aprendidas en este libro. Sólo entonces sabré que he logrado mis metas y objetivos, y que estoy viviendo de acuerdo con los valores esenciales de mi vida.

Para conseguir esos resultados (y yo su testimonio), debe aplicar inmediatamente las nuevas ideas y conocimientos adquiridos. Las ideas sin invertir son un derroche y no quiero que eso suceda. Es el momento de actuar según sus nuevas convicciones. Ahora el poder está en sus manos y espero que lo aproveche.

Está preparado para introducir cambios drásticos, ¿verdad? Por supuesto, la respuesta obvia es SÍ. A pesar de ello, sabe muy bien que una cosa es decirlo y otra distinta ponerlo en práctica. Para obtener resultados diferentes tendrá que hacer las cosas de otro modo.

No importa el lugar o momento en que encuentre este libro. Si pudiera le plantearía unas sencillas preguntas: retroceda mentalmente cinco años. ¿Se encuentra ahora en el lugar que esperaba estar hace cinco años? Ha dejado los malos hábitos que prometió dejar? ¿Ha conseguido la forma física que deseaba? ¿Tiene ingresos abundantes, un estilo de vida envidiable y la libertad personal que esperaba? ¿Goza de una salud espléndida, relaciones colmadas de cariño y habilidades de primera clase que pensaba haber conseguido a estas alturas de su vida? Si no tiene todo esto, ¿cuál es la razón? La respuesta es muy sencilla: se debe a sus elecciones o decisiones. Es hora de elegir otras cosas. Elija no dejar que los próximos cinco años sean una continuación de los cinco pasados. Opte por cambiar su vida de una vez por todas.

Debemos conseguir que los próximos cinco años de su vida sean increíblemente diferentes a los cinco pasados. Mi esperanza es que se haya quitado ya la venda de los ojos. Ahora ya conoce la verdad respecto a lo que conlleva tener éxito. No tiene más excusas. Como yo, no dejará que le engañen los trucos más novedosos, ni le tentarán las soluciones rápidas. Permanecerá centrado en disciplinas sencillas pero profundas que le conducirán hacia la dirección de sus deseos. Sabe que el éxito no se consigue de la noche a la mañana. Entiende que cuando se comprometa a realizar elecciones positivas en cada momento (aunque no haya resultados visibles instantáneamente), el efecto compuesto le lanzará a cotas tan altas que se sorprenderá y dejará perplejos a sus amigos, familiares y competidores. Si permanece fiel a su motivo y mantiene constancia en la práctica de nuevos comportamientos y hábitos, el momentum le empujará rápidamente hacia delante. Con esa combinación de momentum y constantes acciones positivas será imposible que los próximos cinco años sean como los anteriores. Al contrario, cuando el efecto compuesto funcione a su favor, apuesto a que experimentará un éxito que ahora mismo ni siquiera puede imaginar. ¡Será increíble!

Tengo otro principio de éxito que deseo compartir con usted. Independientemente de lo que quiera en la vida, la mejor forma de conseguirlo es centrar mi energía en dar a los demás. Si quiero estimular la confianza en mí mismo, busco formas para ayudar a otros a hacer lo mismo. Si quiero sentirme más esperanzado, positivo e inspirado, intento potenciarlo también en otras personas. Si quiero más éxito para mí, la manera más rápida es ayudar a alguien a obtenerlo.

Si ayuda a otros y les dedica su tiempo y energía, se convertirá en el mayor beneficiario de su filosofía personal, es como una reacción en cadena. A modo de primer paso para mejorar su trayectoria en la vida, le pido que se aplique este modo de pensar. Si este libro le ha servido y ayudado de alguna manera, considere dar una copia a cinco personas que le importen y que deseen triunfar. Los receptores pueden ser familiares, amigos, compañeros de equipo, proveedores, el dueño de su tienda local favorita o simplemente alguien a quien acaba de conocer y a quien desea una vida mejor. Sé que puede sonar egoísta, como si sólo quisiera beneficiarme. Y realmente así es. Recuerde que lo más importante para mí son los testimonios de triunfos. Mi meta es favorecer a miles de personas, pero para lograrlo necesito su ayuda. No obstante, le prometo lo siguiente: usted será el mayor beneficiado. Cuando ayude a alguien a encontrar ideas para conseguir mayor éxito, estará dando el primer paso para aplicarlas en su propia vida. Y al mismo tiempo podrá enriquecer la vida de otros. Este libro podría cambiar para siempre el curso de la vida de alguien... y podría ser usted quien se lo haya proporcionado. Sin usted, quizás no lo hubiera encontrado.

Escriba el nombre de las cinco personas a las que dará una copia de este libro:

1) _____
2) _____
3) _____
4) _____
5) _____

Gracias por dedicarme su preciado tiempo. Estoy deseando leer el relato de su éxito.

¡Brindemos por SU éxito!

Darren Hardy

GUÍA DE RECURSOS

El lote del mentor

Este lote tan especial incluye: el sistema de planificación del éxito (número uno en ventas) *Design Your Best Year Ever*, de Darren Hardy, en formato de  cuaderno de ejercicios, y los extraordinarios programas en formato audio *Challenge to Succeed*, *The Art of Exceptional Living*, y *Take Charge of Your Life*, de Jim Rohn.

Design Your Best Year Ever
(Diseñe el mejor año de su vida)

El libro de ejercicios *Design Your Best Year Ever* esboza el plan específico que Darren Hardy, editor de la revista *SUCCESS*, desarrolló para sí mismo con el fin de preparar, ejecutar, perseverar y lograr grandes metas.

SUCCESS®

What *Achievers* Read™

Su provisión mensual de nuevas ideas, inspiración y recursos que continuarán proporcionándole una ventaja competitiva en su vida. Cada revista se acompaña de un CD de *SUCCESS*, que incluye entrevistas con Darren Hardy y otros grandes triunfadores y destacados expertos en temas relacionados con el éxito.

SUCCESS®

BOOK SUMMARY

La sección de Resúmenes de libros de *SUCCESS* le proporciona un anticipo del contenido de cada libro presentado, dedicando especial atención a capítulos que tuvieron especial repercusión entre empresarios y gente de éxito. Con la suscripción a Resúmenes de libros de *SUCCESS* recibirá mensualmente las reseñas de tres libros presentados en la revista, en formato impreso, audio y PDF. La lectura de estos resúmenes le permitirá juzgar si son títulos que desea añadir a su biblioteca personal del éxito. ¡Lea, escuche y logre aún más!

Para obtener más información visite
www.SUCCESS.com

Evaluación de gratitud (Gratitude Assessment)

Tres personas especiales en mi vida
1. _____
2. _____
3. _____

Mis tres mejores características físicas
1. _____
2. _____
3. _____

Tres cosas especiales de mi hogar y del lugar en el que vivo
1. _____
2. _____
3. _____

Tres cosas especiales del lugar donde trabajo y de mi puesto
1. _____
2. _____
3. _____

Tres grandes facultades o talentos y habilidades singulares con las que estoy dotado
1. _____
2. _____
3. _____

Tres dones de conocimiento y experiencia que he recibido
1. _____
2. _____
3. _____

Tres situaciones en las que he sido afortunado en mi vida
1. _____
2. _____
3. _____

Tres aspectos de mi vida en los que identifico riqueza, abundancia y prosperidad
1. _____
2. _____
3. _____

Evaluación de valores esenciales (Core Values Assessment)

Los valores son el sistema de navegación para movernos por la vida. Uno de los pasos más importantes para dirigir nuestra vida hacia los sueños que deseamos hacer realidad es definir y calibrar apropiadamente dichos valores. Las preguntas que aparecen a continuación le ayudarán a evaluar y afinar lo que realmente es de más consideración e importancia en su vida. Piense en sus respuestas detenidamente, posteriormente le ayudaré a seleccionar sus seis primeros valores esenciales.

¿Quién es la persona que más respeto? ¿Cuáles son sus valores esenciales?

_____

_____

¿Quién es mi mejor amigo/a? ¿Cuáles son sus tres cualidades principales?

_____

_____

Si pudiera conseguir más de una determinada cualidad instantáneamente, ¿qué cualidad sería?

_____

¿Cuáles son las tres cosas que más odio? (p. ej.: maltrato de animales, compañías de tarjetas de crédito, despoblación forestal, etc.)

_____

_____

¿Qué tres personas me desagradan más? ¿Por qué?

_____

_____

¿Qué rasgo de mi personalidad, atributo o cualidad en mí admira más la gente?

_____

¿Cuáles son los tres valores más importantes que deseo inculcar a mis hijos?

_____

La lista de ejercicios completa se encuentra disponible para impresión en
www.TheCompoundEffect.com/free

Evaluación de la vida (Life Assessment)

Enfréntese a la verdad

No hay respuestas incorrectas, no hay calificación o puntuación, ni siquiera una interpretación de sus respuestas, no es más que una evaluación seria de su vida. Sea honesto y sincero consigo mismo. Cuando la sinceridad de la respuesta sea embarazosa o dolorosa, recuerde que nadie tiene por qué verla y que nunca conseguirá éxito si se engaña a sí mismo.

Elija una puntuación en una escala del 1 al 5, donde **1= Lo menos verdadero 5= Totalmente verdadero:**

RELACIONES Y FAMILIA (RELATIONSHIPS & FAMILY)	
Cada semana dedico al menos 10 horas a mi familia.	1 2 3 4 5
Me reúno con mis amigos al menos una vez por semana.	1 2 3 4 5
No hay nadie de mi familia que haya olvidado completamente.	1 2 3 4 5
Estoy entregado a aprender cómo ser mejor como pareja/padre o amigo.	1 2 3 4 5
Busco activamente formas de apoyar y ayudar a mi familia y amigos para que progresen.	1 2 3 4 5
Asumo responsabilidad completa cuando surgen los conflictos de relaciones.	1 2 3 4 5
Confío fácilmente en las personas que amo y con las que trabajo.	1 2 3 4 5
Soy honesto y abierto al 100% con las personas con las que vivo y trabajo.	1 2 3 4 5
Me resulta fácil comprometerme hacia los demás y cumplir con las obligaciones impuestas.	1 2 3 4 5
Admito cuándo necesito apoyo y siempre busco ayuda.	1 2 3 4 5
Resultado total:	

ATENCIÓN AL CUERPO (PHYSICAL)	
Practico ejercicios con pesas al menos 3 veces por semana.	1 2 3 4 5
Practico ejercicio cardiovascular al menos 3 veces por semana	1 2 3 4 5
Practico estiramientos y/o yoga al menos 3 veces por semana.	1 2 3 4 5
No suelo ver más de una hora de televisión al día.	1 2 3 4 5
Tomo un desayuno equilibrado (algo más que un café) todos los días.	1 2 3 4 5
Nunca tomo comida rápida.	1 2 3 4 5
Paso 30 minutos en el exterior al menos 30 minutos al día.	1 2 3 4 5
Duermo de un tirón 8 horas todas las noches.	1 2 3 4 5
No tomo más de una bebida con cafeína al día.	1 2 3 4 5
Bebo al menos 8 vasos de agua al día	1 2 3 4 5
Resultado total:	

La lista de ejercicios completa se encuentra disponible para impresión en
www.TheCompoundEffect.com/free

Diseñar objetivos (Goal Designing)

PAUTAS

La introducción de pequeños ajustes, a primera vista insignificantes, convierten los deseos y aspiraciones en resultados.

1. Pensarlo no es suficiente: PÓNGALO POR ESCRITO

Incluso la tinta menos intensa tiene más fuerza que la mente más potente. Si no escribe sus objetivos, se perderán en la confusión y agitación de nuevos problemas, retos y decisiones. Elimine las interrupciones del exterior.

"Reduzca su plan a unas palabras escritas.... En el momento en que lo hace, da forma concreta a un deseo intangible." – Napoleon Hill

2. Detenga la realidad

Finja que es un juego, ponga en marcha la fantasía. Deje que el gigante adormecido en su interior salga a jugar. Si contara con todas las habilidades, recursos y habilidades del mundo, ¿qué haría? ¿Qué le gustaría conseguir? No filtre, califique o juzgue.

"Los mismos pensamientos que le trajeron a donde se encuentra ahora no le llevarán a donde quiere llegar." – Albert Einstein

Recuerde: no prejuzgue su habilidad o merecimiento para lograr lo que concibe su mente. Dé libertad a sus pensamientos.

**Entienda que: *no se está comprometiendo a todo o parte de lo que ha escrito inicialmente. Estaba planteando ideas, dejando volar su imaginación. Ya habrá tiempo de separar lo exagerado y absurdo, pero para empezar juegue con abandono insensato. Si un genio saliera de una lámpara y le concediera 10 deseos para cada una de estas categorías, ¿qué escribiría? A por ello, juegue sin restricciones*

3. Piense a lo grande

Debe darse permiso para soñar a lo grande y proponerse enormes riesgos. ¿Cuáles serían sus miras si supiera que el éxito está garantizado? Si pudiera escribir el guión para el papel de su personaje en la vida, y pudiera ser cualquiera, ¿qué papel escribiría para sí mismo? ¿Cuál es su ambición secreta? ¿Qué es lo que siempre ha querido hacer, tener o experimentar, pero el miedo se lo ha impedido?

¿Cuál es ese objetivo tan enorme y atrevido? ¿Qué es eso, que con sólo pensarlo le entran sudores?

Espere poco y el resultado será pequeño.

"El gran peligro para la gran mayoría no es aspirar a mucho y perderlo, sino aspirar a poco y conseguirlo." – Miguel Ángel

La lista de ejercicios completa se encuentra disponible para impresión en www.TheCompoundEffect.com/free

Evaluación de hábitos (Habit Assessment)

La magia se produce cuando nos convertimos en la persona que necesitamos ser para atraer a la gente que deseamos conocer o los resultados que deseamos conseguir. Utilice el ejemplo que se muestra a continuación para determinar los factores mágicos para conseguir sus objetivos. EJEMPLO:

OBJETIVO: Obtener un beneficio extra de 100.000 $ en 2011

Descripción general de QUIÉN NECESITO LLEGAR A SER:

- Controlo de forma disciplinada el uso eficaz de mi tiempo
- Me centro solamente en resultados importantes y acciones enormemente productivas
- Todas las mañanas me levanto una hora antes para revisar los objetivos prioritarios
- Me alimento correctamente y hago ejercicio cuatro veces a la semana para mantener un nivel óptimo de energía y eficiencia
- Aporto a mi mente ideas e inspiración que fomentan y reafirman mi entusiasmo
- Me rodeo de compañeros y mentores que elevan mis aspiraciones y me empujan a alcanzar un nivel mayor de disciplina, entrega y éxito
- Soy un líder inteligente, seguro de sí mismo y eficaz
- Busco y cultivo los puntos fuertes y sobresalientes de todos los que me rodean
- Proporciono a mis clientes lo mejor de lo mejor y busco constantemente la forma de impresionarlos, lo cual redunda en su lealtad para otras transacciones y su recomendación a otros clientes

Nuevos hábitos, disciplinas o comportamientos que necesito INSTAURAR:

- Levantarme a las 5.a.m. y aportar a mi mente material beneficioso: 30 minutos leyendo o escuchando algo inspirador e instructivo
- Dedicar 30 minutos a pensar en calma
- Dedicar 30 minutos a planificar mi tiempo y comer un desayuno rico en fibra y proteínas
- Hacer ejercicio durante al menos 30 minutos tres veces a la semana
- Visitar a 10 clientes nuevos por semana, comprobar, revisar y desarrollar más las transacciones con 10 clientes existentes por semana, planificar cada día la noche anterior, recordar cumpleaños y aniversarios de empleados y clientes, seguir las noticias, bitácoras (blogs) y actualizaciones de cuentas objetivo...

Hábitos, disciplinas o comportamientos beneficiosos que necesito AMPLIAR:

Mostrar gratitud a mis compañeros de equipo cuando logran un éxito, delegar tareas administrativas, ir a la oficina temprano, ser puntual, vestir de forma profesional...

Hábitos perjudiciales que necesito ELIMINAR:

- Ver dos horas de televisión todas las noches y escuchar las noticias en mis desplazamientos (bien mientras conduzco o utilizo transporte público)
- Asistir a reuniones improductivas y aprobar proyectos que se contradicen con mis prioridades esenciales
- Hablar de chismes y cotilleos con mis colegas, quejarme de la economía, el mercado, los compañeros de equipo o los clientes
- Atender y hacer llamadas personales o pasar tiempo en Facebook u otros medios de comunicación interactiva durante la jornada laboral
- Cenar mucho y tarde, beber más de un vaso de vino por la noche, tomarme demasiado tiempo a la hora de comer cuando no tengo una comida con clientes...

Los tres cambios principales que debo introducir y cómo incorporarlos a mi rutina diaria:

HÁBITO, COMPORTAMIENTO O DISCIPLINA	MODO DE INCORPORARLO EN LA RUTINA
Aportar información beneficiosa a mi mente	Leer 30 minutos a primera hora de la mañana mientras se hace el café. Escuchar grabaciones durante el trayecto para ir o volver del trabajo.
Visitar a 10 clientes nuevos por semana	Los martes de 2 p.m. a 5 p.m., los miércoles de 10 a.m. a 12 p.m., los jueves de 1 p.m. a 4.p.m.
Asociaciones de apoyo	Apuntarme y dedicarme semanalmente a foros de expertos

La lista de ejercicios completa se encuentra disponible para impresión en
www.TheCompoundEffect.com/free

Registro de ritmo diario (Weekly Rhythm Register)

Registro de ritmo diario

Comportamiento/Acción	Lu	Ma	Mi	Ju	Vi	Sá	Do	Logrado	Objetivo	No logrado
							TOTAL			

Comprometerse significa hacer realmente y de forma constante lo que dijo que haría, incluso después de perder el entusiasmo inicial que le impulsó a decirlo.

Fechas De _____ A _____

La lista de ejercicios completa se encuentra disponible para impresión en www.TheCompoundEffect.com/free

Influencia de información recibida (Input Influences)

Evaluar su información recibida

Examinemos las formas posibles de aportar a la mente información poco alentadora. Ponga un cero si no realiza esa actividad concreta.

Actividad		Tiempo dedicado	
	Cada día	Cada semana	Total anual
Leer el periódico			
Ver programas o noticias en la tele por la mañana			
Escuchar la radio durante trayecto al trabajo			
Ver las noticias de la tele por la noche			
Ver las noticias de la tele durante el día			
Ver la noticias en páginas web			
Uso de sistema RSS para filtrar noticias			
Noticias, bitácoras (blogs) de cotilleos, sitios web, lectores de eBooks, etc.			
Revistas de noticias (Newsweek, TIME, etc.)			
Revistas del corazón (Lecturas, Diez Minutos etc.)			
Otras fuentes de noticias, cotilleos, sociedad			
Comedias de situación u otros programas de televisión			
Películas que apenas tratan aspectos positivos de la vida			
Total			

Escriba tres formas de eliminar o limitar considerablemente la recepción de información negativa, intimidante, inquietante o comentarios chismosos o sociales innecesarios que se difunden mediante periódicos, televisión, radio, revistas, sitios web u otros medios.

1._____

2._____

3. _____

Plan para aportar información que alimente su mente

¿De qué forma puede aportar a su mente ideas e información positivas, inspiradoras, enriquecedoras y orientadas a la prosperidad?

1. _____

2. _____

3. _____

4. _____

5. _____

La lista de ejercicios completa se encuentra disponible para impresión en
www.TheCompoundEffect.com/free

Evaluación de relaciones (Association Evaluator)

Evaluación de sus relaciones actuales

Está sección le servirá para evaluar el TIEMPO que pasa con personas que no pertenecen a su familia más cercana (pareja e hijos) o a su entorno laboral (a no ser que sean compañeros con los que socializa fuera del horario laboral). Debe evaluar el nivel de éxito de esas personas en cada uno de los aspectos que se muestran a continuación.

Nombre	Físico\Salud	Finanzas	Negocios/ Profesional	Mental/ Actitud	Espiritual/ Emociones	Familia	Relaciones de amistad	Estilo de vida	Promedio
1.									
2.									
3.									
4.									
5.									
Promedio									

Ahora organice sus relaciones en tres categorías: disociaciones, relaciones limitadas y relaciones ampliadas.

Disociaciones

Quizás debe distanciarse de alguien mencionado en la tabla de arriba o de alguien con quien se relaciona que ejerce una influencia negativa: mental, emocional, de actitud, salud física o de otro tipo. Estas personas tienen un efecto negativo en lo que usted come, bebe, hace, escucha o de lo que habla.

Nombre
1.
2.
3.

La lista de ejercicios completa se encuentra disponible para impresión en
www.TheCompoundEffect.com/free

EL EFECTO
COMPUESTO

¡También a su alcance un Audiolibro con extras!

Dé un paso más para potenciar el efecto compuesto en todos los aspectos de su vida. Este estimulante audiolibro, leído por Darren Hardy, incluye anécdotas adicionales y estrategias de éxito reveladas por algunos de los más destacados triunfadores de nuestros tiempos.

También en TheCompoundEffect.com

- **Recursos y libros de ejercicios de descarga gratuita** que le ayudarán a incorporar el poder del efecto compuesto en su vida.
- **Comparta** *El efecto compuesto* **con otros seres de su vida.** Descuentos especiales para pedidos al por mayor.

Más sobre Darren Hardy

Si desea que Darren Hardy imparta en su organización los principios del *efecto compuesto* u otros conocimientos sobre el éxito, envíe un correo electrónico a **speaker@SUCCESS.com**.

Para obtener más información sobre Darren, visite **www. DarrenHardy.com** También puede establecer contacto en línea con Darren y una comunidad de triunfadores con ambición e ideas afines:

www.twitter.com/DarrenHardy   www.facebook.com/DarrenHardyfan   http://DarrenHardy.SUCCESS.com